쉿! 경제 사냥꾼을 조심해

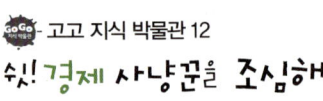

– 고고 지식 박물관 12

쉿! 경제 사냥꾼을 조심해

글 김경희 | 그림 장동일

초판 1쇄 펴낸날 2006년 5월 1일 | **초판 12쇄 펴낸날** 2020년 2월 20일
펴낸이 조은희 | **편집장** 한해숙 | **기획** 우리누리 | **편집** 오선이 | **디자인** 최성수, 이이환
마케팅 박영준 | **온라인 마케팅** 정보영 | **경영지원** 김효순 | **제작** 정영조, 박지훈
펴낸곳 (주)한솔수북 | **출판 등록** 제2013-000276호 | **주소** 03996 서울시 마포구 월드컵로 96 영훈빌딩 5층
전화 02-2001-5822(편집), 02-2001-5828(영업) | **전송** 02-2060-0108 | **전자우편** isoobook@eduhansol.co.kr
블로그 blog.naver.com/hsoobook | **인스타그램** soobook2 | **페이스북** soobook2
ISBN 978-89-535-3420-9 74030 | **ISBN** 978-89-535-3408-7(세트)

ⓒ2006 우리누리·(주)한솔수북
※저작권법으로 보호받는 저작물이므로 저작권자의 서명 동의 없이 다른 곳에 옮겨 싣거나 베껴 쓸 수 없으며 전산장치에 저장할 수 없습니다.
※값은 뒤표지에 있습니다.

어린이제품안전특별법에 의한 제품 표시
품명 아동 도서 | **사용연령** 만 8세 이상 어린이 제품 | **제조국** 대한민국 | **제조자명** ㈜한솔수북 | **제조년월** 2020년 2월

 한솔수북의 모든 책은 아이의 눈, 엄마의 마음으로 만듭니다.

쉿! 경제 사냥꾼을 조심해

GoGo 지식 박물관

 ## 경제를 알아야 지혜가 보여요!

'경제' 하면 어떤 생각이 드나요?
왠지 딱딱하고 어렵다는 생각이 먼저 든다고요?
하지만 알고 보면 그다지 어려운 말이 아닙니다.

경제란 물건을 만들고, 팔고, 쓰는 모든 일을 말해요.
한마디로 우리가 먹고사는 데 꼭 해야 할 일 가운데 하나지요.

흔히 '경제' 하면 돈을 모으고 쓰는 것만 생각하기 쉽지만, 학교에 가고, 학원에 다니고, 문방구에서 문구 용품을 사고, 책을 사 보는 따위 모든 일이 바로 경제 생활이에요. 그러니까 사람이라면 누구나 하는 일이지요.

경제를 알면 누구보다 슬기롭게 살아갈 수 있어요.
못 믿겠다고요?
우리는 날마다 무언가를 선택하며 살고 있지요.
빵을 먹어야 할지 밥을 먹어야 할지, 운동화를 신어야 할지 샌들을 신어야 할지, 좀 더 장난감이나 물건을 싸게 사려면 어떻게 할지…….

선택은 살아가면서 꼭 해야만 하는 일이에요.

이를테면 학원에 가야 할 시간에 텔레비전에서 재미있는 만화를 한다고 생각해 보세요. 학원에도 꼭 가야 하고, 만화 영화도 보고 싶다면 어떻게 해야 할까요? 물론 학원도 가고 만화 영화도 볼 수 있으면 좋겠지만, 그러기엔 시간이 너무 모자라지요?

이때 여러분은 어떻게 하세요?

꼭 해야 할 일을 먼저 하지요?

이렇게 무언가를 해야 할 일이 생겼을 때, 경제를 알면 올바르고 슬기롭게 선택할 수 있어요. 적은 돈이나 힘으로 큰 효과를 누릴 수 있는 선택을 할 수 있으니까요.

이제 우리 어린이들도 왜 경제를 알아야 하는지 어렴풋이나마 알겠지요? 경제를 배워서 세상을 제대로 보고 싶은 어린이라면, 지금 저와 함께 책장을 펼쳐 보아요.

글쓴이 김경희

 ## 경제 디딤돌

머리말 4

나오는 사람들 8

01 이야기를 열며
돈으로 옷을 만들려는 이상한 아이 10

02 돈의 필요성
돈이 뭐기에 17

03 경제 법칙과 기회 비용
통닭집에서 일하고 싶어요 25

04 경제가 뭐야?
컬러믹스로 인형을 만들어 파는 아이 33

05 값은 어떻게 정해질까?
별난 취미로 돈 버는 블랙주니어의 첫 사업 44

06 경쟁과 담합
흔들리는 동물놀이방 56

07 거래와 시장
벼룩시장 체험기 64

08 은행이 하는 일
돼지한테 돈을 먹여 판다고? 74

09 주식 이야기
조각 케이크 소인 주주가 되다 80

10 소비와 과소비
소비는 나쁠까, 좋을까? 89

11 세금은 왜 낼까?
소방관 아저씨, 얼마 드리면 돼요? 98

12 외국 돈과 환율
돈을 돈으로 바꾼다고? 106

13 투자와 투기, 보험
마술을 배우고 싶어요 115

14 왜 경제를 알아야 할까?
어린이한테도 경제는 중요해요 122

15 이야기를 끝내며
마지막 이야기 126

쉽게 풀어 쓴 경제 용어 129

나오는 사람들

블랙 주니어

자존심 강한 꼬마 드라큘라. 깊은 산골에 살다가 우연히 교통사고를 당해 사람들이 사는 도시에 나와 살게 된 뒤, 친구들한테 인기를 얻으려고 돈으로 옷을 만들어 입으려 한다. 그러다가 엄마한테 혼나고, 어른들이 비웃자, 보란 듯이 돈을 벌어 자기 돈으로 옷을 만들어 입겠다는 야무진 계획을 세운다. 천방지축 장난꾸러기 드라큘라의 좌충우돌 인간 세상 경제 체험기. 아, 그런데 사람들은 왜 돈돈돈 할까?

한별

어린이 경제 왕. 컬러믹스로 인형을 만들어 팔아 용돈을 버는 씩씩하고 야무진 아가씨. 블랙 주니어와 우연히 만난 뒤 사업 동지가 되다. 공주병에 잘난 척 대장이지만, '동물 놀이방'을 하면서 경제라고는 눈곱만큼도 모르는 블랙 주니어의 눈을 뜨게 해 주는 동갑내기 선생님이다.
그런데 어느 날 블랙 주니어 자기가 드라큘라란다.
흥, 네가 드라큘라면 난 강시다. 통통통 뛰는 강시!

강씨 아저씨

최고라고 자부심을 갖는 양복점 주인. 옷 만드는 솜씨가 뛰어나서 아저씨의 양복점에는 늘 많은 사람들로 붐빈다. 어느 날 까만 옷을 입은 촌스럽게 생긴 꼬마가 찾아와 얼토당토않은 주문을 한다. 돈으로 옷을 만들어 달라나 뭐라나? 잘못하다간 몇십 년을 쌓아 온 이름에 먹칠을 하게 생겼는데…….
그 뒤 강씨 아저씨는 블랙 주니어를 피해다닌다.
꼬마야, 나 너 무섭거든. 제발 날 아는 척도 하지 마라!

통닭집 아저씨

불경기 탓에 있는 종업원도 내보내야 할 판에 블랙 주니어가 일자리를 달라고 떼를 쓴다. 그것도 손님들이 가게 안에 가득 있을때 와서, 이 고집불통 꼬마는 꼭 통닭집에서 일을 해야겠단다. 그나마 동네 장사인데 불쌍한 꼬마의 부탁을 단칼에 거절해서 사람들의 인심을 잃을 수는 없고……. 이 이상한 꼬마를 어떻게 해서 떨쳐 버린담? 돈 버는게 쉬운 줄 알아? 돈을 벌려면 포기하는 게 있어야 한다고!

툴툴이

블랙 주니어의 맞수. 장난꾸러기에 천방지축 덜렁이.
날마다 까만 옷만 입고 다니는 블랙 주니어를 놀려 먹는 재미로 산다. 벼룩시장에서 블랙 주니어한테 자석 블록을 아주 싸게 팔게 하지만, 나중에는 블랙 주니어한테 곱빼기로 골탕을 먹는다.
그 뒤, 번번이 블랙 주니어를 골탕 먹이려고 하지만 뜻대로 잘 안 된다.
자식, 순진한 거야? 아니면 너무 약은 거야? 도대체 속아 넘어가지를 않네!

•• 이야기를 열며 ••

돈으로 옷을 만들려는 이상한 아이

"허허, 돈으로 옷을 만들어 달라고? 별 이상한 놈 다 보겠네!"

양복점 주인 강씨 아저씨가 땀을 삐질삐질 흘리며 어찌할 줄을 모르고 있었어요.

'이제 와서 못한다고 할 수도 없고, 정말 난처하게 됐군.'

강씨 아저씨는 투덜거리며 돈을 만지작거렸어요.

아저씨가 이렇게 당황하는 데는 다 까닭이 있었어요.

강씨 아저씨는 둘째가라면 서러울 만큼 옷을 잘 만드는 기술자예요. 한 가지 흠이라면 자랑이 너무 심하다는 것이지요.

어제 오후, 양복점에 마을 사람들이 모여서 이야기를 나누고 있을 때였어요.

까만 옷을 입은 남자 아이가 양복점 안으로 들어섰어요.

"얘, 꼬마야. 네가 양복점엔 웬일이냐? 어머니 심부름 왔어?"

"전 꼬마가 아니라 블랙 주니어예요. 아저씨가 이 마을에서 가장 옷을 잘 만드는 양복장이신가요?"

블랙 주니어는 두 손을 바지 주머니에 깊숙이 찌른 채 말했어요.

"가장 옷을 잘 만드는 양복장이? 그렇다면 정말 잘 찾아왔다. 나야말로 가장 뛰어난 양복장이라고 할 수 있지."

강씨 아저씨는 목에 빳빳이 힘을 주면서 말했어요.

"그럼, 어떤 재료로든 옷을 만들 수 있나요?"

"암, 난 뛰어난 양복장이니까 어떤 재료로든 일주일이면 가장 좋은 옷을 만들 수 있지."

강씨 아저씨는 가게 안에 있는 마을 사람들을 한번 쭉 돌아보고는 자신 있게 말했어요.

"강씨가 만든 옷이라면 일등도 모자란단다. 아마 우리나라에서 최고일걸?"

"그래서 우리가 옷을 만들어 달라고 줄을 섰잖아."

어른들이 앞다투어 강씨 아저씨 솜씨를 치켜세웠어요.

"정말이죠?"

블랙 주니어는 강씨 아저씨를 빤히 바라보았어요.

"이걸로 옷을 만들어 주세요."

블랙 주니어는 작은 가방 하나를 건네주었어요.

"그러마. 그런데 이게 뭐냐?"

가방을 열어 보던 강씨 아저씨는 깜짝 놀라 자빠질 뻔했어요.

"아니, 이건 돈이잖아?"

돈이라는 말에 사람들이 아저씨 곁으로 몰려들었어요.

"정말이네? 이건 진짜 돈이잖아!"

사람들도 어이없다는 듯 소리쳤어요.

"돈으로 옷을 만들 수 없나요?"

블랙 주니어가 대뜸 물었어요. 그러자 옆에 있던 구두장이가 불쑥 끼어들었어요.

"자넨 아직 돈으로 옷을 만든 적이 없잖아! 아무리 뛰어난 기술자라 해도 돈으로는 옷을 만들 수 없을걸? 하긴 그까짓 것 대충 만들어 한 번 입고 버릴 거라면 몰라도."

구두장이는 빈정거리면서 강씨 아저씨를 바라보았어요.

사람들은 무슨 재미있는 구경거리라도 만난 것처럼 흘끔거리며 웅성거렸어요.

그러자 좀 전까지 어이없는 얼굴을 하던 강씨 아저씨가 마음먹은 듯 입을 열었어요.

"뛰어난 양복장이는 재료를 탓하는 법이 아니지! 평생 입고 다녀도 될 만큼 튼튼한 옷을 만들어 주마."

강씨 아저씨는 사람들이 들으라는 듯이 큰소리로 자신 있게 말했어요.

"그럼, 일주일 뒤에 올게요. 꼭 가장 멋진 옷을 만들어 주세요."

말을 마친 블랙 주니어는 쏜살같이 달려 나갔어요.

"못 보던 꼬마인데. 이 동네 꼬마인가?"

블랙 주니어의 뒷모습을 바라보던 마을 사람들 가운데 하나가 중얼거렸어요.

그때였어요. 반장 아줌마가 양복점 문을 열고 들어섰어요.

"방금 나간 아이는 얼마 전에 우리 옆집으로 이사 왔어요. 여긴 무슨 일로 왔나요?"

"쟤를 알아요?"

"그럼요. 저 집 사람들은 애나 어른이나 죄다 까만 옷만 입던데요. 또 까만 옷 맞추러 왔지요?"

반장 아줌마가 알아맞히기 선수인 양 의기양양하게 물었어요.

"옷을 맞추러 오긴 했는데……. 글쎄, 나한테 돈으로 옷을 만들어 달라지 뭐요?"

강씨 아저씨가 말했어요.

"그래요? 그거 진짜 돈, 맞아요? 어머머, 저 집 사람들 정말 이상하다, 이상해! 엄마는 월세를 골동품으로 내려고 하더니, 아들은 돈으로 옷을 만들어 달랐다고요?"

반장 아줌마가 호들갑을 떨며 말했어요.

아무튼 그렇게 해서 강씨 아저씨는 고민이 생겼어요. 강씨 아저씨는 밤새 한숨도 못 자고 끙끙 앓았어요.

'아, 이 일을 어쩐담?'

강씨 아저씨는 땅이 꺼져라 한숨을 푹푹 내쉬었어요.

한편, 블랙 주니어 집에서는 엄마가 아침 일찍 뭔가를 찾느라 바쁘게 움직였어요.

"그게 어디로 갔지?"

엄마는 구석구석을 찬찬히 찾아보더니 아빠를 불렀어요.

"여보, 혹시 까만 돈 가방 못 봤어요?"

"돈 가방? 난 못 봤는데. 왜 그래요?"

"큰일이네! 그 돈이 우리 전 재산인데……. 이제 돈으로 바꿀 물건이 하나도 없는데, 어떡하죠?"

블랙 주니어가 슬며시 엄마, 아빠 곁으로 다가왔어요.

"엄마, 그거 내가 썼는데요."

"뭐라고? 그 많은 돈을 어디에 썼다는 거야?"

"엄마가 어제 그랬잖아요. 사람들은 돈을 좋아한다고요. 그래서 돈으로 옷을 만들어 입으면 인기가 많아질 것 같아 양복점에 갖다 주었는데요."

"돈으로 옷을 만든다고?"

엄마는 눈에 불을 켜고 화를 냈어요.

"이젠 돈으로 바꿀 보석도 골동품도 없는데, 그걸 다 써 버리면 어떡해?"

"아빠가 회사에 나가 돈을 벌어 오시면 되잖아요. 날마다 까만 옷만 입는 것도 정말 지긋지긋해요. 아이들이 저더러

까마귀래요!"
"그렇다고 집에 있는 돈을 모두 가지고 가? 빨리 가방 찾아와!"
엄마가 이맛살을 찌푸리며 소리쳤어요.
블랙 주니어는 할 수 없이 돈 가방을 찾으러 가야 했어요.
양복점 강씨 아저씨는 아쉬운 듯한 얼굴을 했지만, 속으로는 묵은 체증이 한꺼번에 사라진 것처럼 시원했어요.
'휴, 별 이상한 녀석 때문에 수십 년 동안 쌓아올린 내 이름에 먹칠을 할 뻔했네.'

·· 돈의 필요성 ··
돈이 뭐기에

"자, 어서 서둘러. 학교 가야지!"
엄마는 블랙 주니어 등에 가방을 메어 주고 등을 떠밀었어요.
양복점 앞을 지날 때였어요.
"저, 까만 바지 입은 애 말이야. 그저께 양복점에 와서 돈으로 옷을 만들어 달라고 하던 아이 아니야?"
"맞아! 어제도 까만 옷을 입고 왔잖아. 저 꼬마 정말 엉뚱하지? 어떻게 돈으로 옷을 만들 생각을 했을까?"
블랙 주니어를 본 아저씨들이 수군대며 낄낄거렸어요.
'뭐야? 아저씨들이 지금 날 비웃잖아?'
마음이 상한 블랙 주니어는 아저씨들 앞으로 걸어갔어요.
"제가 엉뚱하다고요? 왜 돈으로 옷을 지어 입으면 안 되나요?"
블랙 주니어가 또랑또랑한 목소리로 물었어요.
"꼬마야! 너희 집 부자냐?"
"아니요."
"그럼 집에 돈이 많아?"

"아니요."

블랙 주니어는 아저씨들이 왜 이런 걸 묻는지 알쏭달쏭했어요. 아저씨들은 너도나도 손뼉을 치고 껄껄대며 웃었어요.

"하하하, 부자도 아니면서 돈으로 옷을 만들어 입겠다고? 돈 옷을 입고 싶으면 먼저 부자가 되어야 할걸."

"그러게 말이야. 한 달 내내 뼈 빠지게 벌어도 먹고살기가 힘든데 돈으로 옷을 지어 입는다고? 정말 엉뚱한 꼬마야!"

"맞아, 부모가 누군지 정말 골치 좀 아프겠다!"

"요즘에는 금으로 만든 속옷도 불티나게 팔린다는데, 나도 돈으로 옷을 한번 만들어 입어 볼까나?"

"예끼, 이 사람아! 돈으로 만든 옷을 어떻게 입나?"

"놀라지 말게나. 10원짜리 동전으로 조끼나 만들어 입어 볼까 싶어. 동전을 주렁주렁 엮어 갑옷처럼 만들어 입는 거지. 어때? 내 생각이······."

사람들은 블랙 주니어가 들으라는 듯 수다를 떨었어요. 블랙 주니어는 무척 화가 났어요.

"두고 보세요! 전 꼭 돈을 많이 벌어서 돈으로 옷을 만들어 입을 테니까요!"

블랙 주니어는 씩씩거리며 학교로 걸어갔어요.

'흥, 두고 봐! 꼭 돈으로 만든 옷을 입을 테니까.'

블랙 주니어는 사람들이 자기를 보고 비웃는다고 생각하니 슬슬

약이 올랐어요.
'휴, 그런데 돈은 무엇일까?'
학교 종이 울렸지만, 블랙 주니어는 딴생각에 빠져 있었어요.

돈은 무엇일까?

돈은 우리가 사는 데 꼭 있어야 할 물건이에요.
돈으로 사고 싶은 물건을 사고, 먹고 싶은 것을 살 수 있으니까요.
그럼 돈은 어떻게 만들어졌을까요?
아주 먼 옛날에는 필요한 물건이 있으면 자기 물건을 들고 나가
필요한 물건과 서로 바꾸어서 썼다고 해요. 바로 물물 교환이지요.
하지만 물물 교환은 곧 문제가 생겼어요.
서로 바꾸려 하는 물건의 값어치가 달라서 사람들이 물건을 맞바꾸는
사이에 싸우는 일도 생겼지요. 그래서 생긴 것이 돈이에요.
처음에는 조개껍데기나 소금, 돌멩이, 쇠붙이 같은 물품을 돈으로 썼어요.
바로 물품 화폐예요.
하지만 물품 화폐도 쉽게 깨지거나 물에 녹아서 불편했지요.
그래서 생겨난 것이 바로 금, 은, 동같이 쇠로 만든 화폐예요.
즉, 우리나라에서는 엽전이 쓰였어요. 오늘날은 종이로
만든 돈인 지폐와 동전이 쓰이고 있지요.

'돈을 왕창 벌려면 어떻게 해야 할까?'

곰곰이 생각해 보았지만 별 뾰족한 생각이 안 났어요.

블랙 주니어는 더 이상 못 참고 선생님한테 물었어요.

"선생님, 돈을 벌려면 어떻게 해야 하나요?"

"그거야. 열심히 일을 해야겠지. 그건 왜 묻지?"

"돈을 벌고 싶어서요."

"돈은 벌어서 뭘 할 건데?"

"돈으로 옷을 만들어 입을 거예요."

블랙 주니어가 큰 소리로 대답하자, 친구들이 동시에 까르르 웃어 댔어요.

"그래? 내 생각에는 돈 옷을 만들어 입으려고 돈을 벌겠다는 생각은 그리 좋은 생각이 아닌 것 같은데……. 다른 생각은 없어?"

선생님이 진지하게 물었어요. 그러자 블랙 주니어는 아무 말 없이 고개를 저었어요.

"없어요. 그런데 선생님, 돈을 벌려면 꼭 어떤 생각이 있어야 하나요?"

블랙 주니어가 선생님을 바라보며 물었습니다.

"꼭 그런 것은 아니지만 목표나 꿈을 지니고 돈을 모은다면 더 멋져 보일 거야."

마침 수업 끝 종이 울리자, 선생님은 블랙 주니어의 머리를 한 번 쓰다듬어 주고는 교실을 나갔어요.

"너, 돈 벌고 싶구나!"

짝꿍 누리가 블랙 주니어 옆구리를 쿡쿡 찔렀어요.

누리는 턱을 괸 채 블랙 주니어를 바라보았어요.

"응. 넌 어떻게 돈을 버는지 알아?"

블랙 주니어가 귀를 쫑긋 세우고 물었어요.

"나도 잘 모르지만 어른들은 회사에 취직을 하거나 장사를 해서 돈을 번대."

"취직? 장사? 그게 뭐야?"

블랙 주니어가 눈을 동그랗게 뜨고 물었어요.

누리는 블랙 주니어가 잘 알아듣게 또박또박 설명해 주었어요.

"아, 너무 복잡해. 우리 동네에선 돈이란 걸 몰라도 먹을 거 입을 거 모두 알아서 해결했는데, 여긴 왜 이렇게 복잡한 거야?"

블랙 주니어가 저도 모르게 중얼거렸어요.

"뭐라고? 네가 로빈슨 크루소라도 되냐? 혼자서 다 해결하고 살게?"

누리가 입을 뾰로통하게 내밀었어요.

'아차! 내가 무슨 말을 한 거야? 이러다 내 신분이 탄로 나면 어쩌려고?'

블랙 주니어는 잠시 얼굴을 붉히더니, 재빨리 누리한테 질문을 던졌어요.

"취직은 어떻게 하는 건데?"

"우리 같은 어린이들은 취직할 수가 없어. 너무 어려서 회사에서 안 뽑아. 만약 뽑는다 해도 어린이는 일을 시킬 수 없다는 법이 있어서 걸릴 거야. 하지만 아르바이트를 하거나 장사를 할 수는 있을 거야."

"아르바이트?"

"응, 부자가 된 어른들 이야기를 들어 보면 모두 좋아하는 일을 해서 돈을 벌던걸? 이왕이면 네가 가장 좋아하는 일을 찾아봐."

블랙 주니어는 좋은 생각이 떠올랐어요.

"내가 좋아하는 일을 하면서 돈도 번다고? 그것 좋은 생각인데!"

··경제 법칙과 기회 비용··
통닭집에서 일하고 싶어요

수업이 끝나자, 블랙 주니어는 잽싸게 가방을 집에 두고 다시 거리로 나왔어요.

"야호, 바로 저거야! 돈도 벌고 맛있는 통닭도 먹고!"

블랙 주니어는 허리를 꼿꼿이 펴고 당당하게 통닭집 문을 열었어요. 그러고는 주인을 찾았어요.

"저, 여기에서 일하게 해 주세요."

블랙 주니어는 자신이 찾아온 까닭을 망설임 없이 얘기했어요.

"우린 아르바이트 안 필요한데?"

"그래도 일하게 해 주세요! 전 돈을 꼭 벌어야 한단 말이에요."

블랙 주니어는 주인을 똑바로 바라보며 큰 소리로 말했어요.

주인은 좀 어이없다는 듯 블랙 주니어의 위아래를 훑어보았어요. 그러고는 혀를 끌끌 찼어요.

'별 이상한 애를 다 보겠네? 그렇잖아도 장사가 안 돼 죽겠는데 뭐, 일자리를 달라고?'

주인이 이런 생각을 하는 사이, 블랙 주니어는 또다시 일하게 해 달라고 졸라 댔어요.

통닭집 주인은 슬슬 화가 났어요.

벌렁벌렁, 통닭집 주인 코 평수가 슬슬 넓어졌어요.

통닭집 주인은 화가 나면 코 평수가 넓어지는 버릇이 있거든요.

"글쎄, 우리 가게에서는 너 같은 꼬마는 안 써!"

통닭집 주인은 소리를 빽 질렀어요.

그 바람에 가게 안에 있던 사람들이 하나같이 놀란 얼굴로 통닭집 주인과 블랙 주니어를 바라보았어요.

'어머나, 그런다고 꼬마한테 소리지를 게 뭐람.'

사람들은 이런 눈빛으로 통닭집 주인을 바라보았어요.

이를 눈치챈 통닭집 주인이 조용히 말했어요.

"꼬마야, 우리 집은 아르바이트 학생을 구한 적이 없단다. 다른 데로 가 보렴."

"하지만 전 돈을 꼭 벌어야 한다고요!"

블랙 주니어는 버티듯이 말했어요.

이제 사람들은 누가 이기는지 관심을 갖고 두 사람을 힐끔힐끔 번갈아 보았어요.

"어머나, 안됐다. 저 꼬마가 꼭 돈을 벌어야 한대요."

"집에 무슨 사정이 있나 봐요."

사람들이 웅성거리며 통닭집 주인을 바라보았어요.

'쳇, 별 이상한 녀석 때문에 잘못하다간 동네 인심 다 잃고 말겠어. 그렇다고 장사도 안 되는데 저 녀석을 쓸 수도 없고. 끙, 저 고집불통 녀석을 돌려보낼 좋은 생각이 없을까?'

블랙 주니어의 당당함에 어이가 없는 통닭집 주인은 속으로 이런 생각을 했어요.

'아하, 그 방법이 있었지?'

"꼬마야, 그럼 넌 무슨 일을 할 줄 알지? 우리 가게에서 일하려면 배달을 해야 하는데, 너 오토바이 탈 줄 알아?"

블랙 주니어는 고개를 가로저었어요. 그러자 이번에도 사람들이 은근히 끼어들었어요.

"꼬마가 할 수 있는 일이 뭐 있겠어? 그냥 청소 같은 간단한 일을 시키면 될걸."

"맞아. 잘하는 일이 있으면 여기에 왔겠어?"

또다시 사람들이 웅성거렸어요.

머쓱해진 통닭집 주인은 할 수 없다는 듯이 눈을 내리깔았어요.

'저 녀석을 가게에서 일하게 한다면 도대체 손해가 얼마야? 얼굴을 보니 뻔뻔한 게 일을 잘할 것 같지도 않고, 게다가 통닭을 엄청 먹어 댈 게 훤해. 어쨌든 저 녀석을 안 쓰는 게 나한테는 이익인데 말이야.'

통닭집 주인은 마음 같아서는 블랙 주니어한테 꿀밤을 한 대 먹여 호통을 쳐서 보내고 싶었지만, 손님들이 지켜보는 탓에 그럴 수가 없었어요.

통닭집에서 일하고 싶어요 29

통닭집 주인은 블랙 주니어가 그렇게 밉살스러울 수 없었어요. 하지만 속마음을 꾹 누르고 마음을 가다듬었어요.

"그럼, 청소는 할 수 있어? 손님이 가고 난 뒤에 탁자를 치우는 일이야. 아주 간단한 일이지."

통닭집 주인의 말이 끝나기도 전에 블랙 주니어가 자신 있게 고개를 끄덕였어요.

"좋아. 그럼 오늘부터 우리 가게에서 일해라. 오후 다섯 시에서 여섯 시까지야. 하루 이천 원씩 주마."

"안 돼요. 그 시간은 제가 가장 좋아하는 만화 영화를 봐야 해요."

"그럼 세 시부터 네 시까지는 어때?"

"그땐 학원 갈 시간인데요."

"그래? 그럼 저녁 열 시부터 열한 시까지는 어떤데?"

"저녁 열 시부터 열한 시라고요? 그것도 안 돼요. 열 시엔 피 빨러 공동묘……. 아니아니, 열 시엔 잠을 자야 한단 말이에요."

블랙 주니어는 허겁지겁 대답을 했습니다.

"뭐, 이것도 안 된다, 저것도 안 된다고? 꼬마야, 돈을 벌려면 한 가지는 포기를 해야 하는 법이란다. 그게 경제 법칙이지! 돈을 번다는 게 그렇게 쉬운 일이 아니야."

"경제 법칙은 뭐고, 포기하는 건 또 뭐예요?"

블랙 주니어가 알 수 없다는 듯이 물었어요.

통닭집 주인은 기다렸다는 듯이 차근차근 설명했어요.

우리는 날마다 무슨 옷을 입고, 무엇을 먹을 것인지, 어떤 친구랑 놀 것인지 따위를 끊임없이 선택하면서 살고 있단다. 또, 선택을 하다 보면 다른 것을 포기해야 할 때가 있지.

제가 통닭집에서 돈을 벌려면 좋아하는 만화 영화를 못 보거나, 잠자는 시간을 줄여야 한단 말이에요?

그렇지. 넌 돈을 벌겠다고 하면서도 네가 하고 싶은 것을 모두 하려고 하잖아. 어떤 것을 선택하려고 포기한 다른 것들의 가치를 '기회비용'이라고 해. 즉, 선택한 것의 가치를 포기한 것의 가치로 판단하는 거지. 네가 통닭집에서 일 하려고 포기한 만화 영화나 잠이 통닭집에서 번 돈의 '기회비용'인 셈이지. 따라서 네가 선택한 것이 포기한 것보다 더 만족감이 커야 선택을 잘한 것이지.

말을 마친 통닭집 주인이 요란스럽게 헛기침을 했어요.

"그렇다면 할 수 없죠 뭐. 다른 일을 찾아봐야겠네요. 여기서 번 돈은 제가 만화 영화를 보거나 잠을 자는 것보다 만족감이 덜하니까요. 아저씨, 안녕히 계세요."

'자식, 계산 한번 빠르네. 흐흐흐.'

블랙 주니어의 대답을 들은 통닭집 주인이 웃음을 지었어요.

'쳇, 돈벌기가 왜 이렇게 힘든 거야?'

블랙 주니어는 고개를 푹 숙인 채 기운 없이 통닭집을 나왔어요.

막무가내로 일자리를 달라고 떼를 쓰던 블랙 주니어를 내보낸 통닭집 주인은 너무 기쁜 나머지 방귀를 뽕뽕 뀌었어요. 게다가 그것도 모자랐는지 트림을 꺽꺽 해 댔어요.

그 바람에 가게 안의 손님들이 코를 막고 울상을 지었지요.

하지만 블랙 주니어 때문에 하마터면 체면이 구겨질 뻔했던 통닭집 주인은 그저 기분 좋기만 했어요.

통닭집에서 일자리를 못 구한 블랙 주니어는 또 다른 일자리를 구하러 다녔어요. 하지만 블랙 주니어가 일할 만한 곳을 찾기란 쉬운 일이 아니었지요.

"경제 법칙? 돈을 벌려면 한 가지를 포기해야 한다고? 에잇, 뭐 이래?"

·· 경제가 뭐야? ··
컬러믹스로 인형을 만들어 파는 아이

'어디 돈 열리는 돈나무 같은 건 없나?'

블랙 주니어는 두 팔을 뒷짐 진 채 툴툴거리며 걸어갔어요.

그때 깡통 하나가 길바닥에 나뒹굴고 있었어요.

블랙 주니어는 아무 생각 없이 깡통을 냅다 발로 걸어찼어요.

'찌그덕!'

깡통은 요란한 소리를 내며 공중으로 날아가더니 어떤 아이의 등에 떨어졌어요.

"앗!"

블랙 주니어가 저도 모르게 외마디 소리를 질렀어요.

깡통이 조금만 높이 올라갔더라면 틀림없이 아이의 머리를 맞힐 뻔했으니까요.

아이는 깜짝 놀라서 들고 있던 종이 가방을 떨어뜨리고 주저앉고 말았어요.

그 바람에 종이 가방 안에 있던 물건들이 여기저기 흩어졌어요. 여러 가지 빛깔 컬러믹스로 만든 작은 인형들이었어요.

블랙 주니어가 놀라서 허겁지겁 아이한테 달려갔어요.

"미안해. 어디 다친 데는 없어?"

아이가 아파서 얼굴을 찌푸리며 블랙 주니어를 돌아다보았어요.

"사람들이 다니는 길에서 함부로 깡통을 차면 어떡해?"

"미안해! 화나는 일이 좀 있어서."

블랙 주니어가 미안한 얼굴을 하고, 재빨리 쏟아진 물건들을 가방 안에 넣어 주었어요.

아이는 가방을 챙겨 들고 일어섰어요.

"어디까지 가? 내가 도와줄게."

블랙 주니어가 얼른 아이한테서 가방을 빼앗아 들었어요.

아이는 괜찮다고 말하면서도 블랙 주니어가 하는 대로 내버려 두었어요.

"이 작은 인형들은 다 뭐야?"

블랙 주니어가 궁금한 듯 물었어요.

"컬러믹스로 만든 장난감이야. 액세서리 가게에 내다 팔려고 만든 거야."

"와, 그럼 넌 지금 돈을 벌고 있단 말이야?"

"응, 난 한별이라고 해. 우리 엄마가 컬러믹스 공예가야. 나는 엄마가 만들고 남은 컬러믹스로 인형을 만들어 팔고 있어. 사실 난 손재주가 많고 예쁜 액세서리에 관심이 무척 많거든."

한별이는 은근히 자랑을 했어요.

"와, 부럽다. 그런데 인형 하나에 얼마씩 받을 수 있어?"
"한 개에 삼백 원씩 받아."
"애개개, 정말 시시하다. 겨우 삼백 원이라고? 그것 벌어서 언제 부자가 되겠냐?"
"원래 큰돈도 푼돈이 모아 되는 거야. 넌 '티끌 모아 태산'이라는 말도 못 들어 봤어?"
"응. 처음 들어 봐."
"어유, 너 경제 공부 좀 해야겠다."
"경제? 경제가 뭔데? 경제를 알면 부자가 되기라도 한다는 말이야?"

두말하면 잔소리지!
경제를 잘 알면 돈도 잘 벌고, 잘 쓸 수 있어.
경제란 우리가 사는 데 필요한 어떤 물건을
만들고, 팔고, 사고, 쓰는 모든 과정을 말해.
한마디로 우리 일상 생활이 모두 경제 생활이라
말할 수 있지.

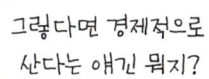

그렇다면 경제적으로 산다는 얘긴 뭐지?

경제적이란 적은 노력으로 최고의 만족을 얻는 것을 말해. 쉽게 말해 알뜰하게 쓴다는 뜻이야. 자, 여기를 봐! 세상에는 여러 가지 물건을 만들 때 필요한 '자원'이라는 물건과 물질이 있어. 자원에는 공기나 햇빛처럼 손쉽게 구할 수 있는 것이 있는가 하면, 돈 주고 사야 하는 것이 있지.

이때 손쉽게 구할 수 있는 것은 '자유재'라고 하고, 사람들의 노력이나 돈으로 구해야 하는 것을 '경제재'라고 해. 경제를 알려면 경제재가 무엇인지 잘 알아두어야 해.

경제재는 돈이 드니까 우리가 원하는 만큼 만족스럽게 모두 가질 수가 없어. 그래서 적은 노력이나 적은 돈으로 큰 만족을 얻으려면 알뜰하게 살아야 하는 거야.

블랙 주니어가 궁금한 듯 물었어요.

"이곳 사람들은 참 이상해. 돈 버는 일까지도 배워야 한다니 말이야."

블랙 주니어는 고개를 갸웃거렸어요.

"뭐, 이곳 사람? 넌 다른 별에서 왔어? 그런 말을 쓰게."

한별이는 블랙 주니어 말이 우습다는 듯이 웃었어요.

"이제 다 왔어!"

한별이가 걸음을 멈춘 곳은 작은 액세서리 가게 앞이었어요.

"잠깐 기다릴래? 가게에 이것 갖다 주고 내가 떡볶이 사 줄게."

한별이는 쏜살같이 가게 안으로 들어갔어요. 그러고는 가게 주인한테 가방 안에 있는 물건을 전해 주더니 재빨리 블랙 주니어한테 돌아왔어요.

"이것 봐! 오늘 돈 많이 벌었지?"

한별이가 만 원짜리 한 장과 천 원짜리 두 장을 흔들어 보였어요.

"와, 너 부자구나!"

블랙 주니어가 함박웃음을 지으며 말했어요.

"부자? 그래, 부자라고 해 두자! 난 이래 봬도 우리 학교에서 으뜸 가는 꼬마 부자니까. 너, 우리 학교 '경제 왕'이라고 들어 봤어? 바로 내가 그 유명한 경제 왕이라고!"

한별이는 하얀 이를 드러내며 웃어 보였어요.

"너, 나한테 액세서리 만드는 거 배울래? 사실 이런 거 쉽게 가르쳐 주는 거 아니지만, 특별히 너한텐 공짜로 가르쳐 줄게."

한별이가 조금 잘난 척하며 말했어요.
"하지만, 난 손재주도 없고 또 뭘 만드는 건 딱 질색인데?"
"그럼 종이접기나 리본 공예 같은 건 어때?"
블랙 주니어는 자꾸 고개를 가로저었어요.
"음, 그럼 과자 만들기나 빵 만들기는 어때?"
"과자와 빵 만들기라고? 만드는 건 지겹지만 먹는 것은 자신 있

는데."

블랙 주니어가 배시시 웃으며 말했어요.

"뭐라고? 그럼 넌 뭘 해서 돈을 벌겠다는 거야?"

한별이가 톡 쏘며 말했어요.

"그걸 모르니까 너의 도움이 필요한 거지. 내가 그걸 알면 벌써 돈을 벌고 있겠지."

블랙 주니어가 뻔뻔스럽게 한별이를 바라보았어요.

"어유, 차라리 엄마 아빠한테 용돈이나 받아서 쓰렴."

"싫어! 나도 스스로 돈을 벌 거라고. 그러지 말고 좋은 생각 있으면 가르쳐 줘. 응? 넌 경제 왕이라며?"

한별이는 슬슬 짜증이 났어요.

"야, 차라리 모기 눈알을 모아 중국에 수출하는 건 어떠냐? 중국에서는 모기 눈알 요리가 최고급 요리라는데."

"모기 눈알? 그럼 나더러 같은 겨레를 죽이라는 거야? 안 돼!"

"농담 농담. 그런데 언제부터 모기와 한 겨레가 되었지? 올여름에 모기한테 피 많이 빨렸구나?"

"아니야. 모기는 내가 생각해도 이 세상에서 가장 멋진 곤충이라고 생각해."

"뭐야? 모기를 너처럼 생각하는 사람은 아마 이 세상에 없을걸."

한별이가 재미있다는 듯이 깔깔대며 말했어요.

"블랙 주니어, 네가 가장 좋아하는 일은 뭐야? 취미 같은 거. 이

왕 돈벌이를 할 생각이라면 네가 가장 잘 아는 분야가 좋거든!"

블랙 주니어는 한참 동안 곰곰이 생각했어요.

"맞아! 왜 그 생각을 못했지? 내가 가장 자신 있는 거!"

"그래, 그게 뭔데?"

"난 파충류 기르는 걸 아주 좋아하거든!"

"파충류? 그것 괜찮겠다! 나는 강아지와 햄스터 같은 애완동물을 무척 좋아하는데. 그럼 우리 사업 한번 같이 해 볼래?"

한별이가 들뜬 목소리로 말했어요.

"어떤 거? 넌 액세서리 만드는 일을 하잖아!"

"액세서리는 일주일에 한 번만 만들거든. 어차피 시간도 남는데 같이 하자!"

"좋아! 그럼 같이 해 보자!"

두 사람은 머리를 맞대고 앞으로 할 사업을 하나하나 의논해 나갔어요.

다행히 블랙 주니어 집에서 이구아나와 도마뱀 같은 파충류를 키우고 있어서 먹이와 사육장 같은 재료는 갖춰져 있었어요. 그래서 챙겨야 할 것이 별로 없었어요.

"그럼 파충류와 애완동물을 돌볼 곳은 어디가 좋을까?"

"우리 집으로 하자! 엄마와 아빠도 동물을 아주 좋아하시거든."

두 사람의 첫 사업은 어려움 없이 첫발을 내디뎠어요.

"그럼, 이제 우리 사업을 알릴 전단을 만들자!"

파충류와 애완동물을 돌봐 드립니다.

급한 일로 애완동물을 집에 남겨 두고 나가야 한다고요?
집을 비우거나 여행 갈 때마다 같이 놀아 주지도 먹이를 주지도 못해 가슴 아프다고요?
저희 '동물 놀이방'에 맡겨 주시면, 사랑하는 애완동물한테 먹이도 주고 같이 놀아주겠습니다.
이제 마음 놓고 집을 비우거나 여행을 떠나십시오.

※ 동물 놀이방 전화번호 : 4232-****

블랙 주니어와 한별이는 작은 전단을 만들었어요.
"어때? 정말 잘 만들었지?"
"그래, 우리 솜씨라고는 안 여겨질 만큼 훌륭한데!"
두 사람은 학교 교실과 아파트를 돌아다니며 전단을 돌렸어요.
그런데 블랙 주니어의 생각과 달리 전단을 받은 아이와 어른들은 자세히 읽어 보지도 않고 구겨서 휴지통 속으로 휙 던져 버렸어요.
블랙 주니어와 한별이는 몹시 속상했어요.

·· 값은 어떻게 정해질까? ··

별난 취미로 돈 버는 블랙 주니어의 첫 사업

"안 되겠어! 우리 사업을 홍보해야겠어!"

블랙 주니어와 한별이는 머리를 맞대고 골똘히 생각에 잠겼어요.

"그래! 귀엽고 깜찍한 동물로 아이들의 관심을 끄는 게 좋겠어. 난 햄스터와 강아지를 가져올게. 넌 뭘 가져올래?"

한별이가 물었어요.

"우리 집에 이구아나와 도마뱀이 있어."

"이구아나와 도마뱀? 어유 징그러워. 좀 귀여운 것으로 가져와."

"뭐가 징그럽다고 그래? 얼마나 깜찍하고 귀여운데."

블랙 주니어가 눈을 흘기며 맞받아쳤어요.

"그럼, 그 동물들 말고 더 구할 수는 없을까? 애들 시선을 끌 만큼 확실한 거!"

"박쥐는 어때? 내 친구인데 아빠한테 부탁하면 얼마든지 구해 올 수 있어."

"네가 드라큘라라도 돼? 박쥐와 친구하게."

"맞아, 내가 드라큘라야. 어떻게 알았어? 역시 경제 왕은 뭐가 달라도 다른데. 정말 날카로워."

"뭐? 이젠 아주 날 갖고 놀아요. 네가 드라큘라면, 난 강시다. 강시! 흥."

한별이가 난데없이 두 팔을 앞으로 쭉 편 채 콩콩콩 뛰는 시늉을 해 보였어요.

그날 저녁, 블랙 주니어는 다짜고짜 아빠한테 떼를 썼어요.

"아빠, 박쥐 한 마리만 구해 주세요!"

"아닌 밤중에 홍두깨라고, 갑자기 박쥐는 뭐 하려고?"

"돈을 벌려고요."

돈이라는 말에 엄마와 아빠는 하던 일을 멈추고 블랙 주니어를 바라보았어요.

"사람들은 회사에 취직을 하거나 장사를 해서 돈을 번대요. 그래서 저도 돈을 벌려고요."

블랙 주니어가 또박또박 말했어요.

"네가 돈을 번다고?"

"어머나, 무슨 수로? 설마 사람들 피를 뽑아서 팔기라도 하겠다는 건 아니겠지?"

엄마와 아빠는 알 수 없다는 듯이 어깨를 으쓱거렸어요.

다음 날 아침 일찍 블랙 주니어와 한별이는 바쁘게 애완동물들을 챙겨서 학교로 갔어요.

그러고는 아이들이 보란 듯이 학교 정문 앞에 애완동물들을 쫙

벌여 놓았어요.

"와, 정말 귀엽다!"

아이들은 두 사람의 기대대로 파충류와 애완동물을 보려고 몰려들었어요. 블랙 주니어와 한별이는 아이들한테 부지런히 전단을 나누어 주었어요.

그때였어요. 전단을 받아든 한 아이가 블랙 주니어를 불렀어요.

"거미도 돌봐 줄 수 있어?"

아이는 거만하게 물었어요.

"물론이지!"

블랙 주니어와 한별이가 한꺼번에 고개를 끄덕였어요.

"이번 주 토요일에 시골 할머니 댁에 가야 하는데 엄마가 거미를 못 데리고 가게 해서 말이야. 그런데 거미도 돌본 적 있어?"

'동물 놀이방'의 첫 손님이 될지도 모르는 그 아이는 자못 못 믿겠다는 듯이 물었어요.

"물론이지!"

블랙 주니어가 자신 있게 대꾸를 했어요.

"내가 키우는 건 독거미야! 귀뚜라미와 쥐를 먹고사는 무시무시한 녀석이지."

아이는 팔짱을 낀 채 듣고 있는 블랙 주니어와 한별이를 번갈아 바라보았어요.

'헉, 독거미라고?'

놀란 한별이는 뒷걸음질치더니 딴청을 부렸어요.

"나도 타란을 한 열 마리쯤 키우고 있어. 털 달린 다리 여덟 개가 손바닥을 간질일 때는 정말 기분이 짜릿해. 그렇지?"

블랙 주니어가 받아쳤어요. 그러자 아이는 얼굴을 확 바꾸더니 곧바로 너스레를 떨었어요.

"와, 우리 친구하자! 난 보람이라고 해. 그런데 하루 맡기는 데 얼마냐?"

"어? 가격?"

보람이의 질문에 블랙 주니어가 잠시 생각을 했어요.

"음, 오천 원만 내라! 첫 손님이라 정말 싸게 해 주는 거야!"

한참을 생각하던 블랙 주니어가 말했어요.

"뭐라고? 겨우 하룻밤에 오천 원이라고? 말도 안 돼! 먹이로 주는 귀뚜라미도 한 마리에 백 원밖에 안 하고, 그것도 한 주에 한 번만 먹이면 되는데 뭐 그렇게 비싸? 순 도둑놈 심보잖아!"

보람이가 소리를 꽥 질렀어요.

"그럼 삼천 원은 어때?"

"그것도 비싸! 내 한 주 용돈이 삼천 원인데 그걸 모두 거미 맡기는 데 쓰라는 거야? 솔직히 손이 많이 가는 동물들은 비싸게 받아도 되지만, 손이 적게 가는 동물들은 조금만 받아야 되는 거 아냐?"

보람이가 툴툴거리자, 블랙 주니어는 가격을 더 낮추었어요.

"그렇다면 이천 원."

블랙 주니어의 말을 들은 보람이는 속으로 웃었어요.

'오호! 역시 흥정할 땐 목소리 큰 게 제일이라니깐. 그럼 조금 더 튕겨 볼까나?'

보람이는 큰 소리로 이렇게 말했어요.

"쳇, 그것도 너무 비싸! 차라리 집에 혼자 놔두고 가는 게 낫겠다."

보람이는 입을 비죽거렸어요.

멀찍하게 서서 두 사람을 지켜보던 한별이가 다가왔어요.

"블랙 주니어, 알맞은 가격을 불렀어야지! 너처럼 무조건 돈을 많이 부르면 안 돼. 자, 내가 하는 걸 잘 봐!"

한별이는 이렇게 말하고는 보람이를 손짓해 불렀어요.

"보람아, 도대체 얼마면 거미를 맡기겠어?"

"오백 원이면 생각해 볼게."

보람이가 대뜸 이렇게 말했어요.

"말도 안 돼! 네 거미를 맡으려면 우리는 거미 먹이인 귀뚜라미도 사야 하고, 또 사육장도 따로 필요하잖아. 네 거미를 다른 동물들과 같이 두었다가 햄스터라도 잡아먹으면 어떻게 해. 그러니 천 원으로 하자!"
한별이가 또박또박 이야기를 했어요.
"듣고 보니 네 말도 맞는 것 같아. 좋아, 천 원이 좋겠어!"
보람이가 기분 좋게 고개를 끄덕였어요.
'거미를 돌보는 값이 겨우 천 원이라니.'
"돈을 벌려고 하는 일인데 겨우 천 원으로 결정하다니 너무한 거 아니야?"
블랙 주니어는 이해가 안 갔어요.

자, 여기 물건을 만드는 사람과 물건을 사려는 사람이 있다고 하자.
물건을 만드는 사람은 높은 값을 받고 싶어 할 테지.
그와 마찬가지로 물건을 사는 사람은 싸게 물건을 사고 싶을 테고…….
물건을 만드는 사람은 자꾸 높은 값을 부르고,
물건을 사려는 사람은 낮은 값을 부른다면
이 두 사람이 물건을 사고팔 수 있을까?

두 사람이 거래를 하려면 적당히
이익을 얻는 선에서 값을 정해야 해.
한마디로 값은 누구 한쪽
뜻대로만 정할 수 있는 게 아냐!
수요와 공급이 균형을
이루어야 한다는 거지.

수요와 공급?
그게 뭔데?

수요란 필요한 물건을 사려고 하는 일을 말하고,
그 물건값에 따라 사려고 하는 양을 '**수요량**'이라고 해.
공급이란 물건을 팔려고 하는 일을 말하고,
그 물건값에 따라 팔려고 하는 양을 '**공급량**'이라고 하지.

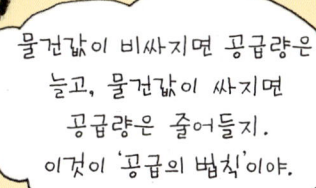
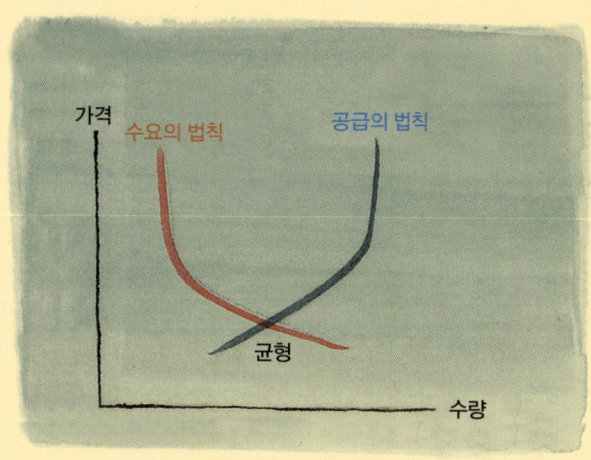

〈수요와 공급 곡선〉

"하긴 터무니없이 너무 높은 값을 부르면 누가 동물을 우리한테 맡기겠어?"

한별이의 설명을 들은 블랙 주니어는 그제야 고개를 끄덕였어요.

'동물 놀이방'은 생각보다 큰 인기를 얻었어요.

친구들은 강아지나 햄스터 같은 애완동물도 많이 기르고 있었지만, 의외로 뱀이나 독거미를 기르고 있는 친구들도 많았어요. 그래서 '동물 놀이방'은 그런대로 사업이 잘되었어요.

"하하하, 이번 달에는 놀러 가는 사람들이 많아서 틀림없이 동물을 맡기는 사람들이 많을 거야. 이번 주 목표는 오만 원으로 잡아야지!"

블랙 주니어가 환하게 웃었어요.

블랙 주니어는 이제 옛날, 아무것도 모르던 블랙 주니어가 아니었어요. 돈을 벌면서부터 어떻게 하면 더 손님을 끌 수 있고, 또 돈은 어떻게 써야 의미가 있는지 조금이나마 알았으니까요.

그날 저녁, 블랙 주니어 집에서는 해가 지고 날이 새도록 웃음소리가 났어요.

"아들, 지금도 돈으로 옷을 만들어 입고 싶다는 생각에는 변함없는가?"

엄마가 짓궂게 물었어요.

"아니요. 마음이 바뀌었어요. 이제부터는 방귀 뀌는 마차를 살 생각이에요."

"방귀 뀌는 마차?"

"네, 자장면 배달부가 타고 다니는 건데, 자전거랑 조금 비슷하게 생겼거든요. 그런데 그게 뒤에서 방귀를 뽕뽕 뀌며 달려요. 정말 멋진 녀석이죠! 전 돈을 모아 꼭 그 녀석을 살 거예요."

블랙 주니어가 눈을 지그시 감았어요.

방귀 뀌는 마차란 오토바이를 말하는 것이었어요.

"그래? 넌 바퀴 달린 것들이 무섭지도 않아?"

엄마가 좀 놀랐다는 듯이 물었어요.

"무섭긴요? 이젠 하나도 안 무서워요!"

블랙 주니어는 어느새 엄마 무릎에 누워 세상모르게 잠들었어요.

··경쟁과 담합··

흔들리는 동굴 놀이방

"큰일 났어! 사료 값이 반값이나 올랐어!"

사료를 사러 갔던 한별이가 울상이 되어 돌아왔어요.

"뭐라고? 하룻밤 사이에? 말도 안 돼! 당장 따지러 가자!"

"소용없어! 그 값 밑으로는 절대 못 판대!"

한별이가 한숨을 푹푹 쉬며 말했어요.

"사료 가게가 그 집 하나뿐이야? 다른 가게에서 사면 되잖아!"

블랙 주니어가 퉁명스럽게 대꾸했어요.

"설마 내가 그것도 모를까 봐? 나도 사료 가게란 가게는 모두 다 돌아다녀 봤는데 모두 같은 값이야. 똑같이 값을 올린 거라고! 한마디로 가게들끼리 담합한 거지."

담합이란 한 종류의 물건을 공급하는 사람들이 뭉쳐서 값과 공급량을 조절하는 것을 말해. 물건을 공급하는 사람들은 서로 경쟁을 하는데, 경쟁보다 담합을 하여 가격을 높게 정하는 것이 훨씬 이익이 크니까 이렇게 힘을 모으는 것이지.

흔들리는 동물 놀이방 57

"우리 피곤하게 경쟁하지 맙시다! 경쟁해 봐야 값만 내려가고 이익도 얼마 안 남잖아요. 그러니 이번 기회에 사이좋게 값을 올립시다!"

"허, 정말 좋은 생각이네요! 이거야말로 누이 좋고 매부 좋고!"

공급자가 모두 **담합**을 하면 소비자는 큰 피해를 입겠지? 담합은 법으로 금지하고 있어. '담합'과 마찬가지로 **과점**이라는 것이 있어. 과점은 공급하는 회사가 몇 안 되어서 시장을 모두 차지하고 있는 걸 말해. 물건을 사려는 사람은 많은데, 물건을 공급하는 회사는 몇 개 안 되는 때를 뜻하지. 이때 서로 경쟁해서 올바른 시장을 이루면 바람직한데, 공급 회사끼리 힘을 합쳐서 값을 올리는 부당한 행위를 할 수도 있단다.

"세상에! 벼룩의 피를 빨아먹는 나쁜 어른들 같으니라고!"

블랙 주니어가 화가 난 듯 말했어요.

한별이가 좀 이상하다는 듯이 블랙 주니어를 바라보았어요.

"벼룩의 피를 빨아먹는다고? 벼룩의 간을 빼먹는다고 말해야 맞는 말 아니야?"

"벼룩의 피가 맞아! 난 어려서부터 그런 말 자주 듣고 살았어!"

블랙 주니어가 넉살스레 웃으며 말했어요.

"그런가?"

한별이가 고개를 갸우뚱거렸어요.

"아무튼 그런 나쁜 어른들은 피를 쪽쪽 빨려야 정신을 차린다고."

블랙 주니어가 무심코 입맛을 다시며 이렇게 중얼거렸어요.

"떽! 네가 드라큘라라도 돼?"

한별이가 어이없다는 듯이 말했어요.

'참, 엄마가 드라큘라 얘기는 하지 말랬는데…….'

블랙 주니어는 얼른 말을 딴 데로 돌렸어요.

"사료 값이 올라 이익이 적어졌으니 이제 일을 더 많이 하는 수밖에 없어!"

"그래, 맞아. 박리다매! 그러니까 이윤을 적게 보되 많이 팔아서 이윤을 많이 남기자는 얘기지? 그거 좋은 생각인데!"

한별이가 맞장구를 쳤어요.

그날부터 두 사람은 애완동물들을 산책시키고 목욕시키는 일까

흔들리는 동물 놀이방

지 맡았어요.

'동물 놀이방'은 다시 활력을 찾았어요. 사료 값이 오르기는 했지만, 동물을 맡기는 사람들이 꾸준히 늘어 갔어요.

'동물 놀이방'은 하루가 다르게 번창했어요. 그런데 어느 날부터인가 동물들을 맡기는 사람들이 차츰 줄어들더니 눈에 띄게 수입이 줄었어요.

"큰일 났어! 이번 주에 '동물 놀이방'을 찾은 사람은 두 사람뿐이야. 겨우 삼천 원밖에 못 벌었어. 이를 어쩌지?"

한별이가 투덜거렸어요.

"왜 갑자기 손님들이 끊긴 걸까?"

블랙 주니어와 한별이는 까닭을 알 수 없었어요.

다음 날 오후, 블랙 주니어는 학원에서 보람이를 만났어요.

"나, 일요일에 놀이공원 가기로 했다!"

"웬 반가운 소리? 그럼, 언제 맡기러 올래?"

"뭘 맡겨? 응, 거미? 이젠 너한테 안 맡겨도 돼!"

"뭐라고? 그럼 거미 밥은 누가 주냐? 내가 싸게 맡아 줄게!"

"싫다니깐 왜 이렇게 구질구질하게 굴어?"

보람이가 빽 소리를 질렀어요.

'구질구질? 이걸 확. 돈이 걸린 문제라서 내가 참는다, 끙!'

블랙 주니어는 속으로 이렇게 생각했어요.

"싸게 해 준다니깐!"

블랙 주니어 말에 보람이는 들은 척도 안 했어요.

"저, 아래 동물 병원에서는 귀뚜라미 값 이백 원만 내면 거미를 공짜로 봐 주는데, 뭣 하러 다섯 배나 비싼 너희 집에 맡기겠냐?"

블랙 주니어는 화가 났어요.

"뭐 그런 집이 있다고? 보람이, 너, 참 치사하다. 이건 꽈배기 꿀밤이다. 맞아라! 꽁꽁."

"야! 넌 '손님은 왕'이라는 기본 경제 상식도 없냐?"

꿀밤을 맞은 보람이가 툴툴거리며 달아났어요.

"경제 상식이라고? 너 말 잘했다! 경제보다 우정이 먼저 아냐? 치사하게 친구를 배신하고 제 이익만 생각하는 애한테는 꿀밤이 최고야. 이리 와! 꽈배기 꿀밤 더 줄게!"

블랙 주니어가 보람이를 쫓아갔어요.

"어마, 안 그래도 머리 큰데 걸리면 끝장이닷!"

보람이는 익살을 떨며 줄행랑을 쳤어요.

학원에서 돌아온 블랙 주니어는 곧장 한별이를 찾아갔어요.

"우리 '동물 놀이방'에 손님이 갑자기 끊긴 까닭을 알았어!"

블랙 주니어가 숨을 헐떡이며 말했어요.

"나도 알아! 동물 병원에서 사료 값만 내면 동물들을 며칠이고 공짜로 봐 주고 있대. 이젠 동물 병원과도 경쟁을 해야 하다니, 뭔가 다른 방법을 찾아야겠어! 이대로 경쟁에서 밀려날 수는 없지!"

"경쟁이라고? 경쟁을 안 하면 안 돼?"

흔들리는 동물 놀이방

블랙 주니어가 투덜거렸어요.

"그럼, 이제 어쩌지?"

블랙 주니어가 매우 걱정스러운 표정을 지어 보였어요.

"어쩌긴. 경쟁에서 이기면 되지!"

"어떻게 이기는데?"

"글쎄, 비록 동물병원은 사료값만 받고 동물을 맡아 주지만, 애정이 없잖아. 아마 밥이나 먹이고 우리에 가둬 놓는 게 끝일 거야. 하지만 우린 달라. 우리는 애완동물을 사랑해서 일단 맡기면 최선을 다하잖아. 먹이도 정성스럽게 주고, 목욕도 시키고, 또 즐겁게 놀아 주잖아. 비록 사람들이 지금은 싼 맛에 동물병원에 맡기지만 곧 우리한테 돌아올 거야."

"맞아. 우리 힘내서 오는 손님만이라도 정성껏 보살피자."

한별이와 블랙 주니어는 두 손을 꼭 잡고 결심했어요.

·· 거래와 시장 ··

벼룩시장 체험기

"자, 이번 주 토요일에는 벼룩시장이 열리는 날이에요. 집에서 잘 안 쓰는 물건이나 팔고 싶은 물건이 있으면 모두 가져오세요."

선생님이 환한 얼굴로 말씀하셨어요.

블랙 주니어가 화들짝 놀라며 말했어요.

"선생님! 벼룩시장이라고요? 벼룩을 파는 시장이 있어요? 사람들은 그걸 사서 뭘 하는데요?"

블랙 주니어가 눈을 똥그랗게 뜨고 물었어요.

"크크크, 뭐야? 너 바보 아니야? 한동안 괜찮다가 또 그러네!"

"맞아! 일부러 그러는 거야, 뭐야?"

"정말 알 수 없는 아이란 말이야!"

친구들이 재미있다는 듯이 깔깔거리며 블랙 주니어를 놀렸어요.

그때, 똥이가 번쩍 손을 들었어요.

"선생님, 시장과 벼룩시장은 어떻게 다르나요?"

똥이가 배시시 웃으며 물었어요.

아이들도 궁금했는지 선생님을 말똥말똥 바라보았어요.

시장은 물건을 사고파는 곳이에요. 상인은 물건을 팔고, 소비자는 물건을 사는 곳이지요. 그럼, 시장은 어떻게 해서 생겨났을까요?

먼 옛날 시장이 없던 때, 사람들은 서로 필요한 물건을 얻으려고 물물 교환을 하였어요. 손수 만든 물건을 들고 필요한 물건과 바꾸는 건데, 마침 찾는 게 없기도 하고, 물건의 가치도 달라 여러모로 어려움이 많았어요. 그래서 사람들은 서로 필요한 물건을 바꾸려고 날짜를 정해 모였어요. 이것이 시장이지요. 시장이 생기자 생산자와 소비자가 서로 자신이 생각한 이익을 내려고 하면서 자연스럽게 값이 정해졌지요.

선생님 말이 끝나자마자 뚱이가 또다시 손을 번쩍 들었어요.

"선생님, 제가 만든 빵을 가져와서 팔아도 되나요?"

벌써 1년째 제과 제빵 학원에 다니고 있던 뚱이는 이번 기회에 자기 솜씨를 친구들 앞에서 뽐내고 싶었어요.

"그럼, 되고말고! 벼룩 빼고는 뭐든 괜찮으니까 다 가져오렴."

선생님 말이 끝나자 아이들은 배꼽을 잡고 웃어 댔어요.

드디어 토요일이 되었어요.

아이들은 저마다 집에서 잘 안 쓰는 물건부터 자기 솜씨를 뽐낼 물건까지 정말 여러 가지 물건을 챙겨 왔어요.

"자, 다들 좋은 곳에 자리를 잡고, 가져온 물건을 팔아 보세요. 값은 물건의 상태를 보고 너희가 알아서 정하고."

선생님 말이 끝나자마자, 아이들은 서로 자기가 가져온 물건을 펴 놓고 장사를 시작했어요.

"자, 싸고 좋은 물건이 아주 많아요. 구경 오세요!"
아이들은 서로 손님을 끌려고 큰 소리로 외쳤어요.
블랙 주니어의 첫 손님은 까다롭기로 소문난 툴툴이였어요.
"어이, 깜장 옷! 아직도 너희 식구들은 깜장 옷만 입고 다니냐?"
툴툴이가 땅에 침을 퉤퉤 뱉어 가며 말을 걸었어요.
"남이야, 검정 옷을 입든 하얀 옷을 입든 뭔 상관인데?"
블랙 주니어가 툴툴이를 빤히 바라보며 당당하게 대꾸를 하자, 툴툴이는 곧바로 눈을 아래로 돌리고 블랙 주니어가 팔려고 내놓은 자석 블록을 바라보았어요.
"야, 이건 얼마냐?"
툴툴이가 자석 블록을 가리키며 물었어요.
"응, 만 원!"
"뭐라고? 뭐가 그렇게 비싸?"
"이건 우리 엄마가 문방구에서 만 원 내고 사 주신 거야. 그러니까 만 원짜리지!"
블랙 주니어가 우겼어요.
"흥! 만 원이면 차라리 새것을 사겠다! 쓴 거면 쓴 것답게 싸게 팔아야 할 거 아니야?"
툴툴이가 그것도 모르냐는 듯이 히죽거리며 웃었어요.
"맞아, 중고니까 이천 원이면 되겠다!"
툴툴이 단짝 친구 두 사람도 곁에서 맞장구를 쳤어요.

"산 지 한 달도 안 됐는데, 이천 원에 팔라고?"

블랙 주니어는 풀 죽은 목소리로 말했어요.

"야, 깜장 옷! 물건값이 어떻게 해서 정해진다는 것도 몰라? 물건값은 물건을 찾는 사람에 따라 정해지는 거야. 그런데 지금 네 물건을 사려는 사람은 나 하나뿐이잖아? 그러니 물건값은 내 맘대로지. 이천 원에 팔기 싫으면 관두든가?"

툴툴이가 입을 삐죽 내밀며 약을 올렸어요.

블랙 주니어는 거의 울상이 되었어요. 하지만 툴툴이 말도 맞는 것 같아 울며 겨자 먹기로 이천 원에 자석 블록을 팔았어요.

조금 있다가, 블랙 주니어는 삼천 원은 받아도 되는 물건을 툴툴이 억지에 속아 넘어가 이천 원에 판 것을 알았어요.

안 그래도 속상했던 블랙 주니어는 저도 모르게 눈을 꾹 감고 이를 꽉 물었어요.

그 틈에 블랙 주니어의 덧니가 햇빛에 유난히 반짝거렸어요.

"두고 봐라! 눈에는 눈, 이에는 이다!"

자석 블록을 싸게 산 툴툴이는 기분이 좋아서 뚱이가 파는 조각 케이크 앞에 섰어요.

뚱이의 조각 케이크는 벼룩시장에서 가장 인기가 많았어요. 하나에 천 원이었지만, 아이들은 먼저 사 먹으려고 길게 줄을 섰거든요.

툴툴이가 같이 온 친구들한테 말했어요.

"자, 기분이다! 내가 오늘 한턱 쏜다!"

"이건 얼마냐?"

"천 원!"

"그럼 세 개 줘."

툴툴이가 막 돈을 꺼내려는데, 블랙 주니어가 갑자기 뚱이 앞에 오천 원짜리 한 장을 탁 놓으며 말했어요.

"뚱아, 이것 모두 다 오천 원에 내가 살게."

"네 개밖에 안 남았는데 이걸 오천 원에 산다는 말이야? 그럼, 블랙 주니어한테 모두 팔래!"

블랙 주니어는 케이크 네 개를 받아 들고는 툴툴이한테 '메롱' 하고 약을 올렸어요.

"야, 그런 게 어딨어? 내가 조금 전에 사려고 했던 거 못 봤어?"

툴툴이는 케이크를 뺏긴 것이 억울했는지 한참 동안이나 씩씩거렸어요.

"물건 값은 사는 사람 마음이라며? 야, 정말 맛있는데? 냠냠 쩝쩝 쩝!"

블랙 주니어는 요란스럽게 케이크를 먹으며 툴툴이 옆을 뱅뱅 맴돌았지요.

"툴툴아, 너 애들한테 케이크 사 준다고 큰소리쳤지? 세 개에 육천 원에 팔 테니 생각 있으면 말해!"

블랙 주니어가 말했어요.

"그렇게 비싼 걸 내가 왜 사야 하는데?"

툴툴이가 블랙 주니어를 노려보았어요.

"남자가 왜 그렇게 쩨쩨하냐? 그럼, 할 수 없지! 내가 다 먹는다."

블랙 주니어가 케이크를 먹으려 하자, 툴툴이의 단짝 친구 둘이 투덜댔어요.

"툴툴아, 네가 케이크 사 준다고 했잖아! 쟤가 다 먹기 전에 빨리 약속 지켜!"

툴툴이는 할 수 없이 하나에 천 원 하는 케이크를 이천 원씩 내고 사야 했어요.

"푸하하하! 툴툴이가 블랙 주니어한테 천 원 하는 케이크를 이천 원에 사 먹었다며?"

"그러게. 순진한 애를 골탕 먹이니까 그렇지, 크크크."

"이제 경제만큼은 블랙 주니어한테 한 수 배워야 할 것 같아!"

"설마? 얼마 전까지 경제에 '경' 자도 모르던 애였잖아."

"맞아! 황소가 뒷걸음질치다 우연히 쥐 잡은 거겠지!"

아이들은 그날 벼룩시장 사건을 두고두고 얘기했답니다.

그럼 툴툴이는 어떻게 되었냐고요?

그날 밤 툴툴이는 속이 상해서 울고 또 울었다고 해요.

"에구에구, 남의 물건 거저 먹으려다 바가지 썼다!"

·· 은행이 하는 일 ··
돼지한테 돈을 먹여 판다고?

"으악!"

벼룩시장에서 번 돈을 상자에 넣으려던 블랙 주니어가 비명을 질렀어요.

엄마가 깜짝 놀라 허둥지둥 블랙 주니어 방으로 올라왔어요.

"아들, 무슨 일이야?"

"여기 있던 돈 상자 못 보셨어요?"

"돈 상자라고?"

"네, 여기에 있던 우유팩으로 만든 상자요. 그 속에 그동안 모은 돈이 들어 있단 말이에요."

엄마가 싱긋 웃었어요.

"아? 그거. 내가 돼지한테 배불리 먹여 뒀단다!"

"돼지한테 돈을 먹였다고요?"

"그래, 사람들이 그러는데 돼지한테 돈을 먹여서 배가 불러지면 그 돼지를 판다는구나!"

엄마 말을 들은 블랙 주니어 눈에서 닭똥 같은 눈물이 주르르 흘렀어요.

"엄마, 말도 안 돼요! 어떻게 돼지한테 돈을 먹인단 말이에요? 내가 얼마나 힘들게 모은 건데."

엄마는 빙그레 웃으며 거실로 나갔다가 뭔가를 들고 왔어요.

"짠! 네 돼지 여기 있다!"

놀랍게도 엄마가 내민 돼지는 살아 있는 돼지가 아니라 빨간 플라스틱 장난감 돼지였어요.

"엄마, 이게 돼지예요? 이 빨간 돼지가 제 돈을 다 먹었나요?"

"사람들은 이걸 돼지 저금통이라고 하던걸! 여기에 돈을 모으는 거래. 그래서 이 돼지를 배불리 먹여서 은행에 내다 파는 거래."

"은행에 팔아요? 그게 무슨 말인데요?"

은행에 돈을 저축하러 간다는 말이야!
은행은 돼지 저금통처럼 돈을 넣어 둘 수 있는
곳이야. 은행과 돼지 저금통은 비슷하다고 할 수 있지.
하지만 은행은 우리가 맡기는 돈을 안전하게 보관해 줘.
만약 돈을 집에다 그냥 두면 잃어버릴 염려가 있지만,
은행에 넣어 두면 은행은 저축한 돈을 관리하고
또 맡겨 둔 돈과 기간을 따져서 돈을 더 얹어 주기도 하지.
바로 '이자'라는 거야.
우리가 은행에 돈을 맡기는 것을
'예금'이라고 해.

"나도 안전하게 저금해 줄게. 은행에 가지 말고 쭈욱 나한테 맡겨요."

"하하, 모르시는 말씀. 우리 은행이 돈만 맡아 주는 줄 알아? 돈이 필요한 손님한테 돈을 꿔 주고 이자를 받는 일도 해. 바로 '대출'이라고 하지."

"난 미국 돈을 한국 돈으로 바꾸러 가. 은행에서는 다른 나라 돈과 한국 돈을 서로 바꿔 주는 일도 해."

은행은 여러 기관에 내는 세금을 대신 받아 전달해 주는 구실도 하고, 손님이 원하는 사람한테 돈을 보내 주기도 하지. 돈을 보내는 것을 '송금'이라고 하는데, 온라인 시스템이 잘 갖춰져 있어서 돈을 송금하면 상대방이 바로 찾을 수 있어.

은행은 앞에서 말한 일을 대신해 주고 수수료를 받거나,
우리가 맡긴 돈으로 돈이 필요한 기업이나 사람한테 돈을 빌려 주고 이자를 받지.
기업에서 받은 이자가 예금했을 때 주는 이자보다 많은데,
기업에서 받은 이자에서 예금했을 때 주는 이자를 뺀
나머지가 은행의 수입인 셈이지. 또한 은행은 주식이나 채권을 사는 따위의
투자를 해서 이익을 보기도 한단다.

"휴, 난 또 뭐라고."

엄마의 말을 들은 블랙 주니어는 그제야 마음이 놓이는지 환하게 웃었어요.

"아들, 돼지가 배가 부르다고 꿀꿀대는데 우리 함께 돼지나 팔러 가 볼까?"

엄마가 돼지 저금통을 흔들어 보였어요.

"네. 엄마, 언제 그렇게 경제 박사가 되셨어요?"

블랙 주니어가 흐뭇하게 미소를 지었어요.

"사실 엄마도 많이 알지는 못해. 하나씩 배워 가고 있지!"

엄마가 가만히 속삭였어요.

그날 밤, 태어나서 처음으로 자기 이름으로 만든 통장과 도장이 생긴 블랙 주니어는 잠이 안 올 만큼 마음이 뿌듯했어요.

·· 주식 이야기 ··
조각 케이크 모임 주주가 되다

"뚱이가 조각 케이크 사업을 할까 생각하고 있대."

짝꿍 누리가 아침부터 호들갑스럽게 말했어요.

블랙 주니어는 며칠 전 벼룩시장에서 맛본 뚱이의 조각 케이크를 생각해 봤어요.

'음, 정말 맛이 좋았어!'

뚱이의 조각 케이크는 생각만 해도 입 안에 군침이 괴었어요.

"그래서 나도 같이 하기로 했어!"

"뭐, 어떻게?"

"나는 포장을 하고, 뚱이는 케이크를 만들고 말야. 어때? 좋은 생각이지?"

누리가 신이 난 듯 떠들어 댔어요.

뚱이는 맛있는 조각 케이크를 만들고, 손재주가 많은 누리는 그것을 예쁘게 포장해서 팔겠다는 말을 들은 블랙 주니어는 자신도 그 사업에 끼고 싶어졌어요.

블랙 주니어는 심각하게 고민에 빠졌어요.

'뚱이의 조각 케이크 사업은 보나마나 성공할 텐데, 무슨 좋은 방법이 없을까?'

블랙 주니어가 그렇게 끙끙대고 있을 때 누군가 블랙 주니어를 불렀어요.

뒤를 돌아다보니 한별이었어요.

블랙 주니어는 한별이한테 조각 케이크 사업 이야기를 들려주었어요. 그러자 한별이는 별일 아니라는 듯이 말했어요.

"뚱이와 누리가 만든 가게의 주식을 사면 되잖아?"

"뭐, 주식?"

블랙 주니어의 귀가 쫑긋해졌어요.

"그래, 뭘 그렇게 고민해? 뚱이에게 가서 주주가 되겠다고 말해 봐!"

"주주는 뭐고, 주식은 또 뭐야?"

블랙 주니어가 눈을 동그랗게 뜨고 물었어요.

자, 잘 들어!
뚱이가 조각 케이크 사업을 하려면
돈이 있어야 하잖아! 그 돈을
'자본금'이라고 하는데,
그것을 네가 대는 거야.
그 대신 너는 케이크 회사한테
주식을 받는 거야.
말하자면 '나는 이만큼의 자본금을
댔습니다'라는 뜻의 종이인 셈이지!

블랙 주니어는 당장 뚱이를 찾아갔어요. 그러고는 자기 생각을 이야기했어요.

"그러니까 네가 나한테 자본금을 대겠다는 거야?"

뚱이가 못 믿겠다는 듯이 물었어요.

블랙 주니어는 고개를 끄덕였어요.

"좋아! 사실 나도 아이들한테 인기가 좋은 것 같아서 케이크를 만들어 팔 결심을 했지만, 케이크를 어디에서 만들고 팔아야 할지 못 정했어. 제대로 된 가게를 얻는다는 것은 나와 누리의 힘으로는 어림도 없고, 다른 가게 앞에 자리를 빌리는 것도 돈이 꽤 많이 들더라고."

뚱이는 고민이 풀린 듯 마음 놓고 크게 숨을 쉬었어요.

"자, 그럼 내가 주식을 만들어야겠네?"

뚱이는 빳빳한 종이에 '주식회사 조각 케이크 모임'이라는 글자를 써 넣고, 그 뒤에 도장을 '꾹' 찍은 다음 블랙 주니어한테 주었어요.

"음하하하, 이 종이가 바로 주식이라는 특별한 종이란 말이지! 아, 냄새 좋다. 이제부터 나는 그 이름도 유명한 주주!"

블랙 주니어는 그렇게 한참 주식 냄새를 맡았어요.

그 시간, 블랙 주니어 엄마는 반상회에 가 있었어요.

아줌마들은 늘 그렇듯이 모였다 하면 부동산과 주식 이야기로 꽃을 피웠어요.

"오늘 우주 엄마가 한턱 쏜대. 주식을 해서 대박 터졌다지 뭐야!"

"어머나? 돌이 엄마는 주식으로 돈을 벌어 가게를 차렸대요."

주식을 해서 큰돈을 벌었다는 아줌마들 말에 블랙 주니어 엄마도 귀가 솔깃해졌어요.

"주식이 그렇게 돈을 잘 벌어 주나요?"

블랙 주니어 엄마가 알쏭달쏭하다는 표정을 지었어요.

"두말하면 잔소리지!"

아줌마들은 합창하듯이 맞장구를 쳤어요.

그날 저녁, 반상회에 다녀온 블랙 주니어 엄마는, 아빠를 붙들고 한참 동안 주식 이야기를 했어요.

"그래? 그럼 이번 달 월급으로 아주 조금만 투자해 볼까?"

아빠가 시원스럽게 허락을 하자, 엄마는 다음 날부터 당장 증권 회사에 주식값을 알아보러 나갔어요.

그런데 그날부터 블랙 주니어 엄마는 날마다 울다가 웃다가를 되풀이하였어요.

왜냐고요? 엄마는 주식값이 오르면 웃고, 내리면 울었거든요.

그 덕에 블랙 주니어와 아빠까지 주식값에 따라 천당과 지옥을 들락날락했대요.

무슨 소리냐고요?

엄마는 주식값이 조금만 올라도

"아들, 뭐 먹고 싶은 거 없어? 뭐든 얘기만 하렴."

이렇게 이야기하다가,

주식값이 조금만 내리면

"하라는 공부는 안 하고 텔레비전만 보고 있어? 당장 공부 안 해!"

이렇게 화를 내셨어요.

아, 주식은 날개도 없으면서 왜 날마다 오르락내리락하는 걸까요? 누가 좀 가르쳐 줄래요?

음, 먼저 성장 가능성이 좋은 튼튼한 회사 주식을 골라 사야 해요. 하지만 주식값은 나라의 정치나 경제 상황에 따라 움직이기도 하고 또 기후에 따라 움직이기도 해요. 어떤 때는 회사의 상태와 전혀 다르게 수요와 공급의 법칙에 따라서 사려는 사람이 많으면 가격이 오르고, 팔려는 사람이 많으면 가격이 내리기도 하지요.

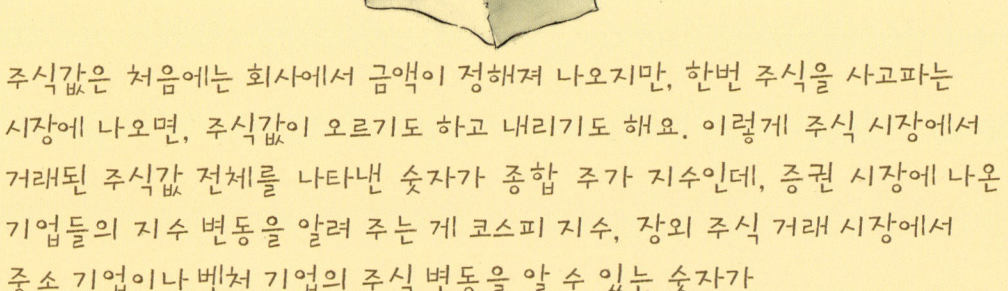

주식값은 처음에는 회사에서 금액이 정해져 나오지만, 한번 주식을 사고파는 시장에 나오면, 주식값이 오르기도 하고 내리기도 해요. 이렇게 주식 시장에서 거래된 주식값 전체를 나타낸 숫자가 종합 주가 지수인데, 증권 시장에 나온 기업들의 지수 변동을 알려 주는 게 코스피 지수, 장외 주식 거래 시장에서 중소 기업이나 벤처 기업의 주식 변동을 알 수 있는 숫자가 코스닥 지수예요.

"그렇다면 주식투자는 꼭 이렇게 마음을 졸여야 하는 걸까?"

주식 투자를 할 때, 눈 앞의 이익만 보고 투자를 하기보다 오랫동안 회사에 투자를 한다고 마음먹는 게 좋아. 그러면 날마다 오르고 내리는 주식값에서 조금은 벗어날 수 있을 거야.

블랙 주니어는 저녁을 먹고 난 다음, 엄마한테 말했어요.
"엄마, 오늘 주식값은 어땠어요?"
"그래, 오늘은 맑음이야."
"엄마……. 우리 학교 경제 왕이 그러는데, 주식은 오랫동안 투자를 해야지, 날마다 샀다가 팔았다가 하면 오히려 손해를 본대요."
"그래? 우리 아들이 엄마한테 도움을 다 주네. 고맙다. 하지만 오늘부터 엄마는 주식을 안 하기로 했어. 내가 생각해도 너무 겁없이 덤볐던 것 같아. 공부 좀 더 한 다음에 하기로 했어. 우리 아들, 요즘 엄마 걱정을 많이 했구나."
블랙 주니어는 엄마 말에 씩 웃으며 한숨을 돌렸습니다.

•• 소비와 과소비 ••

소비는 나쁠까, 좋을까?

블랙 주니어가 투자한 '조각 케이크 모임'의 케이크는 없어서 못 팔 만큼 인기가 많았어요.

케이크 값이 아이들이 사 먹기에 그다지 안 비싼 천 원이라는 것과 케이크를 먹기 좋게 작은 크기로 나누어 판 게 아이들 입맛에 딱 들어맞은 것이지요.

조각 케이크를 판 지 한 달이 지났어요.

뚱이는 블랙 주니어한테 두툼한 봉투를 내밀었어요.

"블랙 주니어, 배당금이다. 네가 가장 투자를 많이 했으니까, 가장 많이 받는 거야."

블랙 주니어는 무척 기뻐서 화장실로 달려가 봉투를 열어 보았습니다. 삼십만 원이라는 큰돈이 들어 있었어요.

"와, 이게 정말 모두 돈이야? 이게 꿈이냐, 진짜냐? 한 달 동안 동물들 산책시키고 먹이고 목욕시켜도 못 만져 본 이 어마어마한 돈을 손 하나 까딱 안 하고 벌었잖아!"

블랙 주니어는 좋아서 어쩔 줄 몰랐어요.

그때 멀리서 블랙 주니어를 지켜보는 눈이 있었어요. 바로 툴툴이에요.

'이번에야말로 복수할 수 있는 좋은 기회다!'

툴툴이는 교실로 들어가 반 친구들을 불렀어요.

"얘들아, 수업 끝나고 기다려. 내가 오늘 떡볶이 실컷 먹게 해 줄 테니까!"

큰소리를 탕탕 친 툴툴이는 블랙 주니어 곁으로 갔어요.

"너, 투자 배당금으로 돈 많이 벌었다며? 정말 대단하다. 우리 반 애들이 모두 너한테 한 수 배우려고 야단이라니깐. 저기 봐! 집에도 안 가고 기다리고 있잖아!"

툴툴이 말을 들은 블랙 주니어는 우쭐해졌어요.

"그런데 이 돈 어디다 쓸 거야?"

툴툴이가 궁금한 듯 물었어요.

"쓰긴 왜 써? 벌기도 힘든데. 은행에 꼭꼭 묻어 둬야지!"

블랙 주니어가 단호하게 말했어요.

"무슨 소리! 돈은 벌었으면 쓰고 싶은 데 쓰는 거라고!"

툴툴이가 폼을 딱 잡고 말했어요.

"돈을 기계로 팍팍 찍어 낼 수 있다면 몰라도 난 절대 안 써!"

"너, 똑똑한 줄 알았는데 참 바보구나?"

툴툴이는 이때다 싶어 블랙 주니어의 약을 팍팍 올렸어요.

"뭐야? 너야말로 바보야. 넌, 옛날이야기도 몰라? 자린고비 선비

이야기 말이야."

블랙 주니어가 으스대며 말했어요.

"생선을 천장에 매달고 밥 한 숟가락 먹고, 생선 쳐다보고 했다는 사람?"

"그래, 그분처럼 모든 일에 절약하고 아껴야 하는 거야. 그래야 나라도 부자가 되고, 우리 모두 잘 살게 되는 거지. 툴툴아, 모르면 좀 배워라, 응?"

블랙 주니어는 툴툴이한테 한 방 먹인 것 같아 기분이 좋았어요.

"허허, 모르는 소리. 자, 내 말 잘 들어 봐."

툴툴이가 이야기를 꺼냈습니다.

네가 우리 반 애들한테 떡볶이를 산다고 생각해 보자.

그럼 떡볶이집 수입이 확 늘 거 아냐?
돈을 많이 벌어서 기분이 좋은 떡볶이집
주인은 집에 가서 아이들이 사 달라고 조르는
인라인스케이트를 사 주는 거야.
스케이트를 산 떡볶이집 아이들은 공원으로 놀러
가려고 '동물 놀이방'에 동물을 맡길 거고,
그럼 너는 또 돈을 벌 수 있잖아!
그런데 반대로 네가 떡볶이를 안 사 먹으면
인라인스케이트도 안 팔릴 테고 또 너희
'동물 놀이방'도 손해 아니겠어?

소비는 나쁠까, 좋을까? 93

"그런 뜻에서 떡볶이 사 먹는 건 어때?"

툴툴이가 배시시 웃으며 말했어요. 그러자 블랙 주니어의 얼굴에 웃음이 번졌어요.

"고맙다. 난 왜 그 생각을 못했지? 우리 나중에 보자. 난 지금 할 일이 있거든!"

"야, 떡볶이 먹어야지, 어디 가?"

툴툴이가 소리쳤지만 블랙 주니어는 들은 척도 않고 바삐 뛰어가 버렸어요.

'뭐야? 저 자식, 이제 안 속네?'

그때 마침 기다리다 지친 친구들이 툴툴이한테 다가왔어요.

"툴툴아, 언제까지 기다려야 해? 떡볶이 실컷 먹게 해 준다며."

친구들이 툴툴이한테 한마디씩 했어요.

'이러다 내가 죄다 뒤집어쓰겠는데. 에라, 모르겠다!'

툴툴이는 갑자기 몸을 홱 돌리더니 걸음아 날 살려라 하고 눈썹이 휘날리게 달아나 버렸어요.

블랙 주니어는 곧장 백화점에 가서 엄마 화장품과 아빠 넥타이, 게임기를 사느라 삼십만 원을 눈 깜짝할 사이에 다 써 버렸어요.

집에 돌아온 블랙 주니어가 엄마, 아빠한테 선물을 내놓았어요.

"아들, 고맙다!"

엄마, 아빠는 무척 고마워했어요.

그것도 잠깐, 엄마는 가격표를 보더니 눈이 휘둥그레져서 말했어요.

"화장품 하나가 구만 원이란 말이야?"

"싼 거예요. 모두 다 해서 삼십만 원에 샀어요."

블랙 주니어가 말했어요.

"뭐라고? 삼십만 원? 너 미쳤어? 이렇게 비싼 걸 사다니!"

엄마가 소리를 꽥 질렀어요.

'선물을 사 줬는데 엄마는 왜 화를 내시는 거지?'

놀란 블랙 주니어는 당황해서 우물쭈물했어요. 그사이 엄마 주먹이 총알처럼 날아와 블랙 주니어의 머리를 '콩' 때렸어요.

"네가 과소비를 해서 쫄딱 망하고 싶은 게로구나."

엄마가 다시 한 번 꿀밤을 먹이려고 달려들었어요.

"망하다니요? 올바른 소비는 꼭 필요한 거랬어요. 그리고 전 꼭 필요한 물건을 샀잖아요. 엄마 화장품이나 아빠 넥타이는 늘 필요한 거잖아요. 그런데 과소비라니요?"

블랙 주니어도 화가 나서 대들었어요.

아빠가 끼어들었어요.

"블랙 주니어, 네 말대로 올바른 소비를 하면 정부와 기업과 가계를 모두 살릴 수 있어. 하지만 넌 너무 비싼 물건을 샀잖아! 너무 돈을 안 쓰는 것도 문제지만, 너처럼 비싸고 보기 좋은 물건만 사는 것도 문제가 있단다. 이렇게 살다가는 금방 망할걸?"

"이제 알아들었어? 게다가 할인점에 가면 반값이면 살 수 있는데 왜 비싸게 사? 쯧쯧쯧. 그러고도 사업을 한다고 자랑이야?"

그날 밤 블랙 주니어는 세 시간 동안 벌을 섰습니다.

다음 날, 학교에서 블랙 주니어는 한별이를 만나 어제 일을 말해 주었어요.

"그래서 어제는 괜히 내 돈 써서 선물을 사 드리고도 칭찬 한마디 못 듣고 벌만 섰어."

"얘, 소비도 경제 원칙을 지키면서 해야 하는 거야."

한별이가 경제 왕답게 의젓하게 말했어요.

"경제 원칙은 또 뭐야? 그냥 대충 벌어서 대충 쓰면 되는 거지. 뭐가 이렇게 복잡해?"

블랙 주니어는 입을 삐죽이며 투덜거렸어요.

"대충이 뭐야? 경제를 공부한다는 애가 말하는 소리하고는? 잘 들어 봐!"

"우리는 날마다 **경제 원칙**을 지키면서 살아가고 있어. 물론 우리가 잘 느끼지 못하지만 말이야."

경제 원칙이란 돈을 적게 써서 가장 큰 효과를 얻는 것을 말해. 이것을 '최소 비용의 원칙'과 '최대 효과의 원칙'이라고 말하지.

이를테면 백화점에서 십만 원을 주고 산 게임기가 할인 매장에서는 칠만 원 한다고 해 보자. 그럼 똑같은 게임기를 십만 원 주고 사는게 나을까, 아니면 칠만 원 주고 사는 게 나을까? 그야 물론 조금이라도 더 싸게 사는 게 낫겠지? '최소 비용의 원칙'이란 똑같은 게임기를 살 때 가장 돈을 적게 써서 사는 것을 말해. '최대 효과의 원칙'이란 똑같은 돈으로도 네가 사고 싶은 게임기를 사서 만족을 얻는 것을 말하지.

이렇게 경제 원칙을 잘 지키려면 무엇보다 어디에 싸고 좋은 물건이 있는지 정보를 많이 알아야 해! 정보는 신문이나 인터넷, 텔레비전에서 얻을 수 있어.

·· 세금은 왜 낼까? ··

소방관 아저씨, 얼마 드리면 돼요?

"아저씨, 도와주세요! 햄스터가 하수구에 빠졌어요!"
햄스터와 산책하던 블랙 주니어가 발을 동동 굴렀어요.
"뭐가 하수구에 빠졌다고?"
둘레에 있던 어른 두세 사람이 달려왔어요.
"저런, 하수구 뚜껑이 제대로 안 닫혔던 모양이구나!"
"햄스터가 멀리 떠내려가기 전에 어서 신고부터 해야겠다!"
어른들은 서둘러서 119에 신고를 했어요. 그러자 몇 분 안에 빨간 옷을 입은 소방관 아저씨들이 달려왔어요.

소방관 아저씨는 간단히 몇 가지를 묻고는 조심스럽게 하수구 아래로 내려갔어요.

얼마 뒤, 소방관 아저씨는 물에 젖어 바들바들 떨고 있는 햄스터를 수건에 감싸 안고 나오셨어요. 소방관 아저씨는 햄스터를 조심스럽게 블랙 주니어 품에 안겨 주었어요.

"다행히 멀리 안 떠내려가서 빨리 찾았단다. 다음부터 햄스터와 밖에 나왔을 땐 언제나 조심해야 한다."

"소방관 아저씨, 감사합니다. 그런데 얼마예요?"

햄스터를 받아 든 블랙 주니어가 물었어요.

갑자기 소방관 아저씨가 멍한 얼굴을 했어요.

"뭐가?"

"방금 제 햄스터를 구해 주셨잖아요. 그 값이 얼마냐고요."

소방관 아저씨가 껄껄껄 웃었어요.

"정말 재미있는 꼬마구나! 하하하."

"아저씨, 저 바쁘단 말이에요. 얼마 드리면 돼요?"

소방관 아저씨가 왜 웃는지 모르는 블랙 주니어가 같은 말을 되풀이했어요. 그러자 소방관 아저씨는 웃음을 억지로 참으며 이렇게 말했어요.

"우린 공짜로 햄스터를 구해 준 거야."

그런데 '공짜'라는 말에 블랙 주니어는 기분이 확 나빠지고 말았어요. 언젠가 구걸을 하는 거지한테 빵집 아줌마가 공짜라며 빵 하나를 건네주던 일이 생각났으니까요.

"아저씨! 저, 거지 아니에요. 돈 있단 말이에요. 얼마 드려요?"

블랙 주니어가 툴툴거리며 말했어요.

"아니 이 녀석이! 공짜라고 했는데 왜 이렇게 말이 많아?"

"지금 저랑 장난해요? 이 세상에 공짜가 어딨어요?"

"에이, 녀석! 너 사오정이냐? 우리 소방관들은 국민이 낸 세금으로 월급을 받고 일하니까 네가 줄 필요가 없단 말이다!"

소방관 아저씨가 점점 소리를 높였어요.

"세금이요? 세금이 뭐예요?"

"세금이란 국민의 의무라고 할 수 있어. 우리나라에 사는 사람은 누구나 내야 하는 것이지!"

하지만 블랙 주니어는 무슨 말인지 도통 알 수가 없었어요.

"전 지금껏 한 번도 세금을 낸 적이 없는데요. 그렇다면 저도 세금으로 이천 원 낼게요. 자, 받으세요!"

블랙 주니어가 꼬깃꼬깃한 천 원짜리 지폐 두 장을 흔들었어요.

그러자 소방관 아저씨는 어이가 없는 듯 한참 멍하게 있더니, 차근차근 얘기했어요.

세금은 우리가 나라 살림을 도와주고 함께 잘 살려고 국민 모두가 나누어 내는 돈이라고 할 수 있어. 그래서 세금은 아빠 월급에서도 떼고, 장사를 해서 이익이 났을 때도 뗀단다. 일을 하는 사람은 누구나 세금을 내지.

"하지만, 전 세금을 낸 적이 없는데요?"

물론 어린이는 돈을 안 버니까
세금을 안 내지.
하지만 세금을 전혀 안 내는 것은 아니란다.
무슨 말이냐고?
네 스스로 돈을 안 내서 못 느낄 뿐이지,
어른·아이 할 것 없이 모두 다 세금을 내고 있어.
가게에서 과자를 사거나 학용품을 사면
그 물건에는 **10퍼센트의 세금**이 붙어
있거든. 이런 세금을 **부가가치세**라고 해.
우리는 자신도 모르는 사이, 물건을 사거나,
밥을 사 먹거나, 영화를 볼 때도
사실은 세금을 내고 있었던 것이지.

"아하! 그러니까 나도 그 동안
열심히 세금을 냈던 거군요!
그렇다면 우리가 낸 세금은
도대체 어디에 쓰는 거죠?"

세금은 나라 살림을 꾸려 나가는 데 쓰여.
우리 생명과 재산을 보호할 수 있게
나라를 지키는 일에도 쓰이고,
사회 질서를 유지하는 데에도 쓰이며,
너희가 공부하는 학교를 짓거나,
친구들과 뛰어 놀 수 있는
공원을 만드는 데도 쓰인단다.

"아하, 세금은 꼭 필요하구나!"
블랙 주니어는 고개를 끄덕였어요.
그날 저녁, 블랙 주니어는 엄마를 졸졸졸 따라다니며 떼를 썼어요.
"엄마, 아이스크림 사 주세요!"
"오늘 하나 먹었잖아!"
엄마는 눈을 살짝 흘기며 말했어요.
"또 먹고 싶어요. 사 주세요!"
"안 돼! 아이스크림 자주 먹으면 이가 다 상해."

엄마는 한마디로 거절했어요. 하지만 못 말리는 고집불통 블랙 주니어가 이쯤 해서 아이스크림을 포기할 수는 없었지요.

'아, 입에서 살살 녹는 아이스크림. 또 먹고 싶은데 무슨 좋은 방법이 없나?'

블랙 주니어는 곰곰이 생각을 했어요.

'아하, 그게 있었지!'

블랙 주니어는 무릎을 탁하고 쳤어요. 기발한 생각을 해낸 것이에요.

"엄마, 저를 훌륭하게 키우고 싶으시죠? 그러니까 빨리 아이스크림을 사 주세요! 전 나라를 사랑하는 사람이 되고 싶단 말이에요!"

"아닌 밤중에 웬 암탉 우는 소리야? 아이스크림을 사 먹는 게 왜 나라를 사랑하는 일인데?"

"엄마, 세금이 꼭 필요하다는 것쯤은 알고 계시죠?"

"그야, 물론이지! 엄마가 사람 세계에 산 지 얼마나 오래되었는데 그걸 모르겠어?"

"그럼 아이스크림에도 세금이 붙어 있다는 것을 아시겠네요?"

"그야 어디 아이스크림뿐이겠어? 거의 모든 물건에는 십 퍼센트의 세금이 붙어 있어! 내가 바로 내는 게 아니라 물건을 사면서 내는 세금이니까 간접세라고 하지."

엄마는 별거 아니라는 듯이 자신 있게 대답했어요.

"그러니까 저도 세금을 내어 나라를 사랑할 수 있게 해 달라니까요, 제발."

블랙 주니어는 아빠 눈치를 살피며 자꾸 떼를 썼어요.

그러자 이번에는 아빠가 나서며 블랙 주니어를 거들었어요.

"하하하, 그러니까 우리 아들 말은 아이스크림을 사 먹는 것이 나라 살림에 보탬이 되는 일이니까 사 먹겠다고 떼를 쓰는 거구나?"

"아빠, 바로 그거예요! 세금이 많이 걷히면 좋은 일에 골고루 쓰일 테니까. 이것이야말로 누이 좋고 매부 좋은 일 아니겠어요?"

블랙 주니어가 기다렸다는 듯이 맞장구를 쳤어요.

"여보, 저렇게까지 이야기를 하는데, 어서 아이스크림 사 주구려."

아빠가 이렇게 말하며 엄마에게 눈짓을 했어요.

엄마는 어림없다는 듯이 소리를 빽 질렀어요.

"싫어요! 그렇다면 저도 할 말이 있어요. 부당한 세금은 낼 수 없다고요!"

이날, 블랙 주니어는 결국 아이스크림을 더 얻어먹을 수 없었답니다.

'항복! 역시 우리 엄만 항상 한 수 위였다!'

•• 외국 돈과 환율 ••

돈을 돈으로 바꾼다고?

"에잇, 창피해!"

학교에서 돌아온 블랙 주니어는 퉁퉁 부은 얼굴로 짜증을 냈어요.

"왜 나라마다 돈을 다르게 만들어서 창피를 당하게 하냔 말이야."

블랙 주니어는 머리를 감아쥐고 한숨을 푹푹 내쉬었어요.

블랙 주니어가 이렇게 안절부절못하는 데에는 다 까닭이 있어요.

사건은 오늘 아침 블랙 주니어 반에 여자 아이 하나가 전학을 오면서 벌어졌어요.

"자, 오늘 전학 온 친구예요! 미국에서 와서 이것저것 모르는 게 많을지도 몰라요. 그러니 여러분이 친절하게 알려 주고 사이좋게 지냈으면 해요!"

선생님 말이 끝나자, 곱게 머리를 뒤로 묶은 여자 아이가 아이들한테 꾸벅 인사를 했어요.

블랙 주니어는 전학 온 여자 아이한테서 눈을 뗄 줄 몰랐어요.

'와, 우리 반 여자 아이들과는 감히 견줄 수도 없을 만큼 예쁘네.'

"내 이름은 메리야! 잘 지내자!"

메리가 친구들한테 인사했지만, 블랙 주니어의 귀에는 아무런 소리도 안 들렸어요.

블랙 주니어는 그렇게 수업 시간 내내 곁눈질로 힐끔힐끔 메리만 바라보았어요.

어느 순간 블랙 주니어는 메리와 잠깐 눈이 마주쳤어요.

그러자 이게 웬일일까요?

블랙 주니어의 가슴이 콩닥콩닥 뛰었어요.

'재가 나를 볼 때마다 왜 이렇게 가슴이 뛰지?'

블랙 주니어는 어깨를 활짝 펴고 심호흡을 했어요.

그런데 다른 남자 아이들도 블랙 주니어와 마찬가지였나 봐요.

쉬는 시간이 되자마자 남자 아이들이 우르르 메리 둘레를 에워쌌어요.

"메리야, 넌 취미가 뭐야?"

아이들이 메리한테 물었어요.

"화폐 수집이야. 돈 모으기!"

메리는 싱긋 웃으며 대답을 했어요.

"어머 그래? 내 취미도 돈 모으기인데."

툴툴이와 블랙 주니어가 동시에 대꾸를 했어요.

'뭐야? 쟤도 메리한테 관심 있다는 거야? 뭐야?'

블랙 주니어가 툴툴이를 째려보며 생각했어요.

'짜아식, 눈은 높아서 메리한테 관심 있다 이거지?'

툴툴이도 블랙 주니어를 노려보았어요.

"그래? 또래 아이들 가운데 나와 같은 취미를 가진 친구를 만나기가 무척 힘들었는데, 정말 반갑다. 우리, 앞으로 정보도 나누고 친하게 지내자!"

메리는 환한 얼굴로 툴툴이와 블랙 주니어를 바라보았어요.

"툴툴아, 너 취미가 너무 자주 바뀌는 거 아니야? 한별이한테는 음악 듣는 게 취미라고 했다며?"

블랙 주니어가 입을 삐죽이며 말했어요.

"그래? 나한테는 우표 수집이 취미라고 했는데? 툴툴아, 도대체 너의 진짜 취미는 뭐야?"

하나가 갑자기 얼굴빛을 바꾸며 물었어요.

"너희, 툴툴이의 진짜 취미가 알고 싶냐?"

블랙 주니어가 씩 웃으면서 말했어요.

"툴툴이의 진짜 취미는 꿀밤 모으기야. 툴툴아, 오늘도 꿀밤 많이 모았어? 지각해서 하나, 숙제 안 해 와서 하나, 떠들어서 하나. 오늘은 세 개밖에 안 모았네?"

블랙 주니어가 얼굴빛 하나 안 바꾸고 말했어요.

"하하하하, 정말이네. 툴툴이는 선생님한테 거의 날마다 꿀밤을 맞잖아!"

다른 친구가 맞장구를 쳤어요.

반 친구들이 책상을 치며 웃어 댔어요.

돈을 돈으로 바꾼다고?

'어쩌다가 이런 망신을……. 으, 블랙 주니어, 두고 보자!'

툴툴이는 잠시 곤란한 얼굴을 하더니, 이를 앙다물고 블랙 주니어를 쏘아보았어요.

블랙 주니어는 아무 일 없었다는 듯이 시치미를 뚝 떼고 자리에 앉았어요.

툴툴이도 팩 토라져서 제자리에 앉았어요.

수업이 시작되었지만, 툴툴이 귀에는 아무것도 안 들렸어요.

'아이고, 분해! 오랜만에 맘에 드는 여자 친구를 사귈까 했는데, 저 녀석이 완전히 초를 쳤어. 초를!'

툴툴이는 속으로 종알거리며 어떻게 복수할지 궁리했어요.

그때 기적같이 툴툴이 머릿속에 떠오르는 것이 있었어요.

'그래, 바로 그거야. 돈만 아는 돌머리, 너도 어디 똑같이 당해 봐라.'

수업 마지막 종이 치자마자, 툴툴이가 벌떡 일어섰어요.

그때 툴툴이와 메리의 눈이 딱 마주쳤어요.

메리는 억지로 웃음을 참는 듯 손으로 입을 막고 킥킥거렸어요.

'아, 이 무슨 창피람!'

툴툴이의 얼굴이 금세 화끈 달아올랐어요.

하지만 마음을 가다듬고 큰 소리로 말했어요.

"블랙 주니어!"

툴툴이가 블랙 주니어한테 다가갔어요. 메리도 무슨 일인가 궁금한지 툴툴이를 바라보았어요.

"야, 너 오늘 우리 집 토실이 산책 좀 시켜 줘! 천 원이면 되지! 자, 받아. 일 달러야."

툴툴이가 일 달러를 흔들어 보였어요.

"야, 돈을 줘야지. 이상한 종이는 왜 주는 거야? 그건 주식도 아닌 것 같고……."

달러를 받은 블랙 주니어가 앞뒤로 뒤집어 보면서 툴툴거리며 말했어요.

"이것도 돈이야! 외국 돈! 이 돈을 은행으로 가져가면 우리나라 돈으로 바꿔 준다니까."

툴툴이가 블랙 주니어를 바라보며 입을 삐죽였어요.

"돈을 돈으로 바꾼다고? 흥, 거짓말 마. 너는 내가 바보인 줄 알아?"

블랙 주니어도 눈을 흘기며 대꾸했어요.

그때 메리가 다가왔어요.

"이건, 미국 돈 일 달러구나! 은행에 가져가면 우리나라 돈으로 바꿀 수 있어! 환율에 따라 조금씩 바뀌기는 하지만, 환전을 하면 우리 돈으로 천 원쯤 할걸!"

"돈을 돈으로 바꾼다고? 환율은 뭐고 또 환전은 또 뭐람?"

블랙 주니어가 중얼거렸어요.

툴툴이가 목에 잔뜩 힘을 주고 으스대면서 얘기했어요.

왼쪽은 미국 돈 일 달러,
오른쪽은 우리나라 돈 천 원!
미국의 달러나 우리나라 돈 말고 일본 돈은 엔,
중국은 위안, 유럽은 유로, 아랍은 리얄…….
이렇게 나라마다 사용하는 돈이 달라.

> 왜 자기 나라 돈을 남의 나라 돈으로 바꾸는 걸까?

그건 간단해!
나라마다 국민들이 쓰는 데 필요한 물건을
그 나라에서 모두 만들지는 못해.
그래서 필요한 물건을 다른 나라에서 사들여 오지.
반대로 자기 나라에서 만든 물건을
다른 나라에 팔기도 해.
이렇게 나라와 나라끼리 상품을
거래하려고 나라끼리 돈을
서로 맞바꾸는 거지.

이렇게 돈과 돈을 서로 맞바꾸는 것을
환전이라고 해. 그런데 이때 재미있는 일이 생겨!
바로 그 나라 경제력에 따라 돈의 가치가 달라진다는
거야. 다른 나라 돈과 바꿀 때 저마다 값이 다른데,
그 비율을 바로 **환율**이라고 해.
환율을 정하는 방식은 나라마다
다른데, 우리나라는 환율이 때에 따라
달라지는 '변동 환율 제도'를
택하고 있어.

"블랙 주니어, 취미가 돈 모으기라며? 그런 것도 몰랐어? 너, 외국 돈을 모으는 거 아니었어?"

메리가 톡 쏘며 말했어요.

"어? 그게 저, 그러니까……."

블랙 주니어는 메리 얼굴을 살피며 말을 머뭇거렸어요.

그때였어요.

"흥, 뭘 그렇게 더듬는 거냐? 그냥 솔직히 말해! 너의 취미는 엔화나 달러 같은 외국 돈을 모으는 게 아니라 금고 속에 돈을 모으는 구두쇠라고. 하하하!"

툴툴이가 빈정거렸어요.

"뭐? 구두쇠?"

블랙 주니어는 팍 얼굴을 찡그렸어요.

"왜? 그럼 금고라고 불러 줄까? 메롱."

툴툴이는 너무도 아무렇지도 않게 큰 소리로 웃었어요.

그 바람에 반 친구들이 모두 재미있다는 듯 배를 잡고 한바탕 웃음을 터뜨렸어요.

'아이, 이게 무슨 창피람?'

블랙 주니어는 얼굴을 붉히며 조개가 입을 다물듯 입을 꾹 다물었어요.

툴툴이는 블랙 주니어의 모습이 뭐가 그리 우스운지 싱글벙글 웃었어요.

블랙 주니어는 아이들의 비웃음을 뒤로 하고 교실을 빠져 나왔어요. 얼른 집에 가서 아이들이 오늘 일을 잊을 때까지 숨어 있고만 싶었어요.

'그래, 내일이 되면 아이들이 다 잊어버릴 거야."

하지만 블랙 주니어는 집에 와서도 그 일이 생생했어요.

'메리가 날 얼마나 한심하게 생각했을까?'

친구들한테 창피당한 일을 생각하자, 또다시 블랙 주니어 얼굴이 화끈 달아올랐어요.

'안 되겠어! 뭔가 대책을 세워야지. 가만히 앉아서 당할 순 없지!'

블랙 주니어는 그렇게 한참을 끙끙대고 있었어요.

그때 아주 좋은 생각이 머리를 스치고 지나갔어요.

"그래, 그거야. 마술이야!"

바로 얼마 전, 유명한 마술 선생님이 학교에 오신 적이 있었어요. 그때 아이들은 너나 없이 넋을 빼놓고 마술 공연을 보았지요.

"그래! 마술을 배우는 거야! 마술로 한 번에 아이들의 인기를 얻는 거야."

블랙 주니어는 저도 모르게 이렇게 외쳤어요.

·· 투자와 투기, 보험 ··

마술을 배우고 싶어요

"엄마, 제발 마술을 배우게 해 주세요, 네?"

블랙 주니어가 엄마한테 매달려 졸랐어요.

"글쎄, 마술은 뭐 하려고?"

엄마는 설거지를 하며 건성으로 물었어요.

'오늘, 친구들한테 창피를 당했어요. 그걸 갚으려고요.'

블랙 주니어는 생각 같아서는 이렇게 말하고 싶었지만, 이 말을 들으면 엄마는 보나마나 허락을 안 해 줄 게 틀림없었어요.

"그냥 배우고 싶단 말이에요, 엄마! 네?"

블랙 주니어는 들어줄 때까지 떼를 쓰려고 했지요.

그때 아빠가 집 안으로 들어오셨어요.

"여보, 해 줍시다. 저렇게 마술이 배우고 싶어 안달인데."

"간단한 문제가 아니에요. 마술을 배우려면 시내에 있는 마술 학원까지 가야 하는데, 그러자면 지금 다니는 학원 가운데 하나를 끊어야 한단 말이에요. 게다가 '동물 놀이방' 일로 가뜩이나 공부할 시간이 적은데, 언제 여기 애들 실력을 따라가겠어요?"

엄마는 힘주어 말했어요.

"대신 제가 공부를 열심히 할게요. 제가 마술을 배우는 것도 따지고 보면 모두 투자 아니겠어요?"

블랙 주니어가 웃으며 말했어요.

"투자? 투기는 아니고? 너 혹시 여자 친구한테 잘 보이려고 마술을 배우려는 건 아니야?"

엄마는 마치 블랙 주니어의 속을 꿰고 있다는 듯이 대꾸를 했어요.

"엄마도 참. 날 어떻게 보고……. 제가 저 혼자만 좋으려고 마술을 배우는 줄 아세요? 저도 다 생각이 있단 말이에요."

블랙 주니어가 머리를 긁적이며 말했어요.

그때였어요. 엄마가 낯빛을 바꾸며 물었어요.

"너! 투기와 투자가 뭐가 같고, 뭐가 다른지는 알고 있어?"

그럼요. 엄만, 절 뭘로 보고, 그런 질문을 하세요? 투자와 투기는 모두 돈을 불리는 방법을 얘기하는 거잖아요!

투자는 이익을 얻으려고 어떤 일이나 사업에 자본을 대거나 시간이나 정성을 쏟는 일이고, 투기는 시세가 달라지는 것을 짐작해 그 차이에 따라 이익을 얻으려는 거래죠.

TV에서도 부동산 투기를 잡아야 하니 어쩌니 하는 이야기를 하잖아요. 이처럼 투기는 사회에 나쁜 영향을 미칠 수가 있지요. 왜냐하면 투기를 목적으로 돈을 투자하는 사람들한테 착한 사람들이 피해를 볼 수 있거든요.

'어? 이제 우리 아들도 제법인데?'

블랙 주니어의 이야기를 들으며 엄마는 이렇게 생각했어요.

"마술을 배워서 생기는 이익 세 가지만 얘기해 봐! 엄마도 돈이 들어가는 일인데 그쯤은 따져 봐야지."

엄마가 웃는 낯으로 말했어요.

"첫째, 마술을 배우면 뭐든 잘할 수 있다는 자신감이 생길 거 같아요. 둘째, 마술은 사람들의 시선을 끌기 쉽잖아요. 그래서 제가 하는 사업을 홍보하기에도 좋아요. 셋째, 엄마 기분이 안 좋을 때마다 공연을 해서 엄마를 즐겁게 해 드릴 수 있어요."

블랙 주니어는 또박또박 자기 생각을 얘기했어요.

그러자 아빠가 빙그레 웃으며 엄마를 바라보았어요.

"정말 이익이 많을 거 같은데, 기분 좋게 허락해 줍시다!"

"좋아! 엄마도 너한테 보험 들어 놓는다 생각하고 허락해 줄 테니 대신 공부 열심히 하는 거다!"

엄마도 빙그레 웃으며 말했어요.

"블랙 주니어한테 보험을 들어 놓다니?"

아빠가 묻자, 블랙 주니어가 냉큼 말을 받아 이어 나갔어요.

보험이란 갑자기 어려운 일이 생겼을 때, 많은 돈이 필요할 것을 대비해서 만든 금융 상품이라고 할 수 있어.
보험에 든 많은 사람들이 사고를 당한 몇 사람을 도와주는 제도인 셈이지.

보험에 든 사람은 달마다 정한 돈을 보험 회사에 내야 해.
이때 내는 돈을 '보험료'라고 하고, 사고가 났을 때 받는 돈을 '보험금'이라고 하지.

우리 조상들은 예부터 **계, 품앗이, 두레** 따위를 만들어 상부상조하며 살아왔단다.
보험이란 상부상조하는 우리의 미풍양속이 발전해서 만들어진 것이라고 생각할 수 있지.

엄마와 블랙 주니어의 말을 들은 아빠는 고개를 끄덕였어요.

"아하, 그 소리였군. 그럼, 나도 우리 아들한테 보험 좀 들어 놓아 볼까?"

아빠는 기분이 좋은지 껄껄껄 웃으셨어요.

"보험 이야기가 나오니까, 옛날 생각이 나네요."

엄마는 잠시 옛날 생각에 빠져 들었어요.

몇 달 전까지만 해도 블랙 주니어 식구들은 사람 그림자라고는 볼 수 없는 강원도 깊은 산속 동굴에서 대를 이어 가며 살았어요.

블랙 주니어는 소문난 천방지축 장난꾸러기였어요. 하루 종일 동물들을 쫓아다니고 장난을 치느라, 하루도 그냥 넘어가는 날이 없을 만큼 블랙 주니어 몸은 온통 상처투성이였지요.

그러던 어느 날 블랙 주니어는 낯선 자동차 소리를 들었어요. 난생 처음 보는 물건이었지요. 호기심 많은 블랙 주니어는 멀뚱멀뚱 자동차를 구경하다 그만 교통사고를 당하고 말았어요.

블랙 주니어는 곧바로 병원으로 옮겨 수술을 받았고, 기적같이 살아났어요.

'다 죽어 가는 아들을 이렇게 살려 내다니.'

블랙 주니어 엄마는 아들을 낫게 한 사람들이 고마웠어요. 그래서 결심을 했어요. 아들을 위해 사람들과 함께 살기로 말이지요.

도시에 살면 아들이 언제 어느 때 다치더라도 적어도 치료는 받을 수 있고, 또 건강하게 잘 살 수 있을 것이라고 생각했거든요.

··왜 경제를 알아야 할까?··
어린이한테도 경제는 중요해요

블랙 주니어는 다음 날부터 마술을 배웠어요. 아주 열심히 배웠어요.

마술은 배우면 배울수록 신비함과 놀라움으로 가득했어요.

한 달 뒤, 블랙 주니어는 반 친구들 앞에서 멋진 마술을 보였어요.

"수리수리 마수리, 얍!"

블랙 주니어는 아무것도 없는 상자 안에서 하얀 비둘기를 만들어 내기도 하고, 눈 깜짝할 사이에 휴지를 꽃으로 만들기도 했어요.

"자, 이제부터 진짜다. 두 눈 똑바로 뜨고 잘 봐!"

블랙 주니어가 천 원짜리 한 장을 흔들어 보였어요.

"쟤, 지금 뭐 하는 거냐?"

언제 왔는지 툴툴이가 가소롭다는 듯이 바라보았어요.

"돈을 종이로 만들겠대."

친구들 이야기를 들은 툴툴이는 믿을 수 없다는 얼굴로 블랙 주니어를 보았어요.

"자, 시작한다. 돈을 이렇게 여덟 번 접어. 그런 다음 내 콧기름을 이렇게 바르면, 짠! 어때?"

블랙 주니어 말이 끝나자마자, 천 원짜리 지폐가 하얀 종이로 바뀌어 버렸어요.

"세상에! 돈이 갑자기 흰 종이가 되었어!"

툴툴이를 비롯한 친구들 모두 너무 놀라서 입을 다물지 못했어요.

"블랙 주니어! 나도 가르쳐 주라, 응."

그날부터 블랙 주니어는 학교에서 가장 인기가 있는 아이가 되었어요.

메리뿐만 아니라 툴툴이까지도 이젠 블랙 주니어와 친해지려고 블랙 주니어 꽁무니를 따라다녔어요.

마술 덕분에 '동물 놀이방'도 유명해졌어요. 이제는 블랙 주니어의 '동물 놀이방'은 어른들도 애완동물을 데리고 많이 찾아왔어요.

하지만 어른들 가운데는 블랙 주니어가 돈을 버는 것을 별로 안 좋아하는 분도 있었어요.

"애들은 공부나 할 것이지, 무슨 돈을 번다고 그래?"

"맞아요! 애들이 벌써부터 돈이나 밝히면 못써요!"

"애들은 애들답게 공부나 할 것이지. 쯧쯧쯧."

"그러게요. 공부도 다 때가 있는 건데."

그렇지만 모든 어른들이 모두 이렇게 생각하는 것은 아니었어요. 자기 스스로 돈을 벌고 또 경제를 알아 가는 것이 바람직하다고 생각하는 어른들도 많았어요.

·· 이야기를 끝내며 ··

마지막 이야기

몇 달 뒤, 블랙 주니어는 여전히 마술로 아이들한테 톡톡히 인기를 얻고 있었어요.

이제 블랙 주니어는 돈도 모르고 경제도 모르던 예전의 블랙 주니어가 아니었어요. 돈과 경제를 누구보다도 많이 알고 있고, 돈의 가치를 제대로 아는 어린이가 되었지요.

블랙 주니어는 '동물 놀이방'을 알리는 일뿐 아니라, 자신이 투자한 '조각 케이크 모임'을 홍보하는 일에도 앞장섰어요.

"생일 케이크를 배달하면서 쉬운 마술쇼를 보여 줄게."

블랙 주니어가 제안을 했어요.

"그거 좋은 생각인데? 그런데 보수는 어떻게 해 줄까?"

"부담 갖지 말고 스톡옵션(회사가 잘 되면 직원들한테 주는 보너스의 한 가지)으로 주는 건 어때?"

"그렇게 해 준다면 나야 좋지!"

둘은 마술에 필요한 준비물을 사러 손을 잡고 학교를 나왔어요.

"좀 기발한 마술 없을까? 하얀 비둘기 마술은 너무 평범해!"

블랙 주니어와 뚱이는 손을 잡고 걸었어요.

그때 마침, 양복점 강씨 아저씨가 학교 앞을 지나고 있었어요.

'어? 저 녀석은 그때 돈으로 옷을 만들어 달라던 이상한 녀석 아냐?'

강씨 아저씨는 저도 모르게 큰 나무 뒤로 몸을 숨겼어요.

"그럼, 물고기 꼬리로 옷이라도 만들어 입힐까?"

"하하하, 넌 어쩜 그렇게 기발한 생각을 하나?"

아이들은 강씨가 숨어 있는 나무 곁을 지나갔어요.

'뭐야? 저 녀석! 이젠 물고기 꼬리로 옷을 만들어 입겠다고? 또 찾아오기 전에 들키지 말고 가 버려야지!'

강씨 아저씨는 허둥지둥 달아났어요. 그 바람에 아저씨의 가발이 훌렁 벗겨져 바람에 날려 블랙 주니어의 발밑에 떨어졌어요.

블랙 주니어가 가발을 냉큼 주워 들었어요.

"양복점 아저씨!"

강씨 아저씨는 블랙 주니어가 자기를 부르자 가발이 벗겨진 것도 모른 채 더 빠른 걸음으로 달아났어요.

'아, 끈질긴 녀석! 그만 좀 쫓아와라!'

강씨 아저씨는 걷다 못해 아예 뛰어갔어요. 조금 뒤, 블랙 주니어와 뚱이는 아저씨 붙잡기를 그만두고 숨을 할딱이며 멈춰 섰어요.

"그런데 저 아저씨가 왜 저러지?"

블랙 주니어와 뚱이는 영문도 모른 채 한참 동안 그렇게 서 있었어요.

값 52, 53쪽

상품 가치를 정한 금액을 값이라고 합니다. 그리고 생산자와 소비자 어느 한 쪽이 너무 많이 손해를 안 볼 만큼 알맞게 정해진 값을 균형 가격이라고 해요.
균형 가격은 시장에서 물건을 사는 사람과 파는 사람이 서로 이익을 얻으려 하는 과정에서 자연스럽게 만들어지는 것입니다.

경쟁 61쪽

기업들은 살아남으려고 경쟁을 해요. 우리가 날마다 쓰는 연필과 필통에서 운동화, 가전제품까지 모든 제품에서 경쟁을 하고 있어요.
올바른 경쟁은 소비자들한테 싼값으로 좋은 물건을 제공할 수 있어 바람직합니다.

경제 원칙 97쪽

경제 원칙이란 적은 비용으로 가장 큰 효과를 얻는 것을 말해요. 이것을 '최소 비용 원칙'과 '최대 효과 원칙'이라고 말합니다.

최소 비용 원칙이란 똑같은 학용품을 사더라도 가장 돈을 적게 들이고 사는 것을 말하고, 최대 효과 원칙이란 적은 돈을 가지고도 가장 큰 효과를 얻는 것을 말합니다.

같은 물건을 좀 더 싸게 사는 것도 바로 이 경제 원칙을 잘 지켜 소비를 하는 일입니다.

기회비용 31쪽

우리는 날마다 선택을 하며 살아갑니다. 무슨 옷을 입고, 무엇을 먹을 것인지, 또 어떤 친구랑 놀 것인지 따위를 끊임없이 선택하지요. 그런데 선택을 하다 보면 다른 한 가지를 포기해야 하는 때가 많아요. 하나를 선택하려고 다른 하나를 포기해야 하는 것을 '기회비용'이라고 해요.

기회비용이란 한 가지를 선택하면서 포기해야 하는 것의 가치를 말하지요.

즉, 자기가 선택한 것의 효과가 포기한 것보다 커야 선택을 잘했다고 할 수 있어요.

담합 57, 58쪽

담합이란 물건을 공급하는 사람들이 뭉쳐서 값과 공급량을 조절하는 것을 말해요. 공급하는 사람들은 서로 경쟁을 하는데, 경쟁을 하는 것보다 담합을 하여 가격을 올리는 것이 훨씬 이익이 커서 쉽게 힘을 모읍니다. 하지만 담합은 소비자한테 큰 피해를 주는 까닭에 법으로 금지하고 있습니다.

보험 119, 120쪽

우리 조상들은 옛날부터 계, 품앗이, 두레 따위를 만들어 상부상조하며 살아왔습니다. 보험이란 상부상조하는 우리의 미풍양속이 이어져서 만들어진 것이라고 생각할 수 있습니다.

다시 말해 보험이란 갑자기 어려운 일이 생겼을 때, 많은 돈이 필요할 때를 대비해서 그전에 매달 정해진 돈을 보험회사에 맡기는 금융 상품이라고 할 수 있습니다. 만약 큰 병에 걸렸거나 사고가 났을 때에는 한 번에 큰돈을 받을 수 있는데, 이것은 보험에 가입한 많은 사람들이 사고를 당한 몇 사람을 도와주는 셈이라고 말할 수 있습니다.

세금 101~103쪽

세금은 우리가 살기 좋은 사회생활을 누리려고 국민 모두 나누어 내는 돈이라고 할 수 있어요.

세금은 아빠 월급에서도 떼고, 장사를 해서 이익이 났을 때도 뗍니다. 우리는 느끼지 못할 뿐이지, 어른·아이 할 것 없이 모두 다 세금을 내고 있습니다. 우리가 사는 아이스크림, 과자, 학용품 따위 모든 물건에는 10퍼센트 세금이 들어 있어요. 그러니 물건을 살 때마다 세금을 내는 셈이지요. 이러한 세금을 부가가치세라고 합니다.

시장 66쪽

시장은 물건을 사고파는 곳이에요. 상인은 물건을 팔고, 소비자는 물건을 사는 곳이지요.

먼 옛날 시장이 없던 때, 사람들은 서로 필요한 물건을 얻으려고 물물 교환을 했어요. 손수 만든 물건을 들고 필요한 물건과 바꾸는 물물 교환은 여러모로 어려움이 많았어요. 그래서 사람들은 서로 필요한 물건을 바꾸려고 날짜를 정해 모였습니다.

이렇게 생겨난 시장에서는 생산자와 소비자가 서로 자기 이익을 얻으면서 자연스럽게 값을 정했습니다.

은행 76~78쪽

은행은 돼지 저금통처럼 저금을 할 수 있는 곳이에요. 그런 뜻에서 은행과 돼지 저금통은 비슷하다고 생각할 수 있지만, 은행은 우리가 맡기는 돈을 안전하게 보관해 주는 곳입니다.

만약 돈을 은행에 저축 안 하고 그냥 가지고 있으면 잃어버릴 염려가 있지만, 은행에 저축을 하면 저축한 돈을 통장에 기록해서 관리하고 또 은행에서 정해 놓은 이율에 따라 이자도 줍니다.

이자 78쪽

이자란 은행에 돈을 맡기고 그 몫으로 받는 돈이에요.

은행도 쉽게 말하면 이익을 내는 기업이라고 할 수 있어요. 은행에서는 여러 가지 일을 하면서 수수료를 받거나, 우리가 맡긴 돈으로 돈이 필요한 기업이나 사람한테 돈을 빌려 주고 이자를 받습니다. 또한 주식이나 채권을 사는 따위 투자를 하기도 하지요. 이렇게 번 이익을 돈을 맡긴 사람들한테 이자로 돌려 주고, 나머지는 은행 이익으로 남깁니다.

주식 82, 83쪽

주식이란 어떤 회사에 투자를 했다는 뜻으로 받는 종이인데, 돈과 같은 효력이 있고, 증권과 같은 말이에요. 어떤 회사에서 좋은 상품을 만들 계획과 조건은 모두 갖추고 있는데 돈이 없다고 해 보세요. 이때 그 회사에 투자를 하면 투자한 돈만큼 회사의 이익금을 나눠 가질 수 있어요. 돈을 많이 투자한 사람은 회사의 경영에도 참여할 수 있습니다.

주식값 86, 87쪽

주식값은 처음에는 회사에서 금액이 정해져 나오지만, 한번 주식을 사고파는 시장에 나오면, 값이 오르기도 하고 내리기도 해요. 사려고 하는 사람이 많으면 주식값이 올라가고, 팔려고 하는 사람이 많으면 주식값이 내려갑니다. 주식값은 그 회사 사정과는 달리 정치 상황이나 나라의 경제 여건 따위에 따라 크게 움직일 수 있습니다.

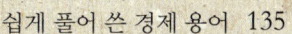

투기와 투자 118쪽

투자는 이익을 얻으려고 어떤 일이나 시간, 정성을 쏟는 일이고, 투기는 시세가 달라지는 것을 짐작해 그 차이에 따라 이익을 얻으려는 거래입니다.

환율 112쪽

여러 나라에서는 필요한 물건을 그 나라에서 모두 만들지 못하므로, 필요한 물건을 사 오거나(수입), 만들 물건을 팔(수출)지요. 이것을 무역이라고 하는데, 무역을 한 뒤, 돈을 주거나 받으려면 우리나라의 돈을 그 나라의 돈으로 바꿔야 합니다.
이렇게 돈과 돈을 서로 맞바꾸는 것을 '환전'이라고 해요.
이때 각 나라의 경제력에 따라 돈의 가치가 다릅니다. 다른 나라 돈과 바꿀 때 저마다 값이 다른데, 그 비율을 '환율'이라고 합니다.